강한 자가 살아남는 것이 아니다.
현명한 자가 살아남는 것도 아니다.
변화에 적응하는 자만이 살아남는다.
찰스 다윈

적군을 알고 아군을 알면 백번 싸워도 위태하지 않다.
적군을 알지 못하고 아군을 알면 한 번은 이기고 한 번은 진다.
적군을 알지 못하고 아군도 알지 못하면 싸울 때마다 위태롭다.

손자병법

성공하는 작은 식당 소자본 배달시장의 모든 것

배달장사의 진짜 부자들

배달장사의
진짜 부자들

펴낸날 2023년 5월 15일 개정판 1판 1쇄

지은이 장배남TV, 손승환
펴낸이 강유균
편집위원 이라야, 남은영
기획·홍보 김아름, 김혜림
교정·교열 이교숙, 정아영, 나지원
경영지원 이안순
디자인 바이텍스트
마케팅 신용천

펴낸곳 리드리드출판(주)
출판등록 1978년 5월 15일(제 13-19호)
주소 경기도 고양시 덕양구 청초로 66 덕은리버워크지산 B동 2007호~2009호
전화 (02)719-1424
팩스 (02)719-1404
이메일 gangibook@naver.com
홈페이지 www.readlead.kr

ISBN 978-89-7277-375-7 (03320)

장배남TV, 손승환 지음

성공하는 작은 식당 소자본 배달시장의 모든 것

배달장사의 진짜 부자들

리드리드출판

PROLOGUE 1

소자본 배달식당,
작게 시작하는 만큼 간단할까?

20대를 육군 장교로 군대에서 보내고, 2014년 6월에 알토란 모으듯 준비한 돈으로 8평짜리 작은 공간에서 생애 첫 가게를 시작했다. 그 후 정확히 7년이 지난 지금은 300여 개의 직가맹점과 10여 개의 브랜드를 기획한 프랜차이즈 본사의 대표이다.

아직 첫 가게에서 첫 고객을 맞은 설렘이 채 가시지도 않았는데, 어느덧 시간이 흘러 브랜드 총 매출 200억 돌파 소식을 접하고 있다. 문득 이것이 과연 현실로 내가 일군 성과인지 의아하다. 하지만 앞에 놓인 신규 가맹점 계약서와 매일 합산되는 매출액이 증명하고 있으니 이제껏 애써준 나 자신과 함께 일한 동료들에게 감사할 뿐이다.

"작다고 작게 생각하지 마십시오!"

예비창업자나 초보 사장이라면 이 말을 꼭 기억하길 바란다. 투자 비용이 상대적으로 적은 '소자본 1인 식당'을 운영하지만 하는 일의 가치까지 낮아지는 것은 절대 아니기 때문이다. 규모가 작다고 해서 할 일이 적어지거나 운영이 쉬워지지도 않는다. 오히려 더 큰 노력이 필요하다. 그러므로 소자본 창업이라고 금방 포기할 이유도, 자랑스럽지 않을 이유도 없다. 이 가게가 얼마나 크게 어느 정도 높이 성장할지는 아무도 모른다. 중요한 건, 바로 지금 그곳에서 모든 것이 시작되고 있다는 사실이다. 모든 것은 내가 어떻게 생각하느냐에 따라 달렸다.

"너의 매장을 네 아이 키우듯 하라."는 말이 있다. 아이가 작다고 작은 마음으로 키우면 결국 작은 존재로 남게 될 것이고, 비록 몸집은 작더라도 큰 마음으로 키우면 거대한 존재로 자리매김하는 훌륭한 인물이 된다는 뜻이다. 여러분의 매장이 바로 그 '작은 아이'와 같다.

현재까지 출간된 많은 창업 관련 서적을 보면 잘 갖춰진 공간, 즉 인테리어를 활용한 시각적인 면에 집중하는 소비자 대면對面 매장이 주류를 이룬다. 하지만 이 책은 큰 비용이 필요치 않은 '소자본 1인 배달창업'에 관한 실제 경험을 바탕으로 깨닫게 된 노하우를 담아냈다. 나는 코로나19 이후 더욱 가속화된 언택트Untact 시대를 발판 삼아 '배달-포장-홀3way' 시스템으로써, 상권과 입지에 따라 매출 상승에 가장 유리한 '1인 배달식당'을 본격화하여 현재는 200여 개의 배달형매장을 출점했다 그 과정에서 터득한 노하우를 핵심내용만 쉽게 풀어서 이 책에 담아낸 것이다. 여기에 담긴 조언이 예비창업자에게 도움이 될 거라 확신한다.

소중하지 않은 시간이 없는 것처럼 소중하지 않은 매장도 없다. 비록 작다고 해도 말이다. 중요한 건 바로 지금 이곳에서 모든 것이 시작되고 있다는 사실이다. 8평에서 시작한 작은 식당 이야기가, 8평으로 시작하는 많은 초보 창업자에게 작게나마 도움이 될 수 있기를 희망해 본다. 반드시 뜻을 이루길 두 손 모아 응원한다.

마지막으로 이 책이 출간되기까지 도와주신 많은 분께 감사하다. 항상 제일 가까운 위치에서 함께 고민하는 엠브로컴퍼니 홍석봉 이사님, 어떤 환경에서도 긍정의 에너지를 잃지 않고 주변에 활기를 불어넣는 더바른F&B 박준영 팀장님, 맡은 역할을 묵묵히 해내면서도 꾸준한 발전과 성실함으로 사내 모범이 되는 이영석 대리님, 책임감과 밝은 에너지로 든든한 버팀목이 되어주는 박혜균 과장님, 지칠 줄 모르는 추진력으로 큰 영감을 준 더룩시 에스테틱 박시연 대표님, 상권에 대한 해박함과 조언을 아끼지 않는 ㈜삼백기획 김준섭 본부장님, 초보 창업자들을 위한 진심 어린 마음으로 울림을 주는 창업의 정석 한정후 팀장님, 식품위생관리에 대한 값진 경험과 지식을 아낌없이 공유해주시는 ㈜케이엠에스컨설팅 구교민 대표님, 진심으로 자기 일을 사랑하고 손님을 위하는 고윤양 사장님, 믿고 지지하는 든든한 후배 민종이, 늘 최선을 선택할 수 있도록 지혜를 나눠주는 이 책의 공동저자 손승환 대표, 더불어 옥석을 가릴 줄 아는 혜안으로 출판의 기회를 준 리드리드출판 편집진에게 감사를 전한다.

아무것도 없던 시절부터 믿어주고 물심양면으로 지원을 아끼지 않은 사랑하는 아내와 언제나 응원해준 가족에게 다시금 감사의 말을 전한다.

장배남TV 임형재

PROLOGUE 2

작은 배달식당, 이 책만 보아도 됩니다!

2014년은 프랜차이즈 붐이 한창이었다. 당시 초보창업자들이 무턱대고 개인 식당에 도전했다가 실패하고, 경험도 없는 프랜차이즈업체를 선택해 힘들어하는 것을 보고 《프랜차이즈창업 전에 알았더라면 좋았을 것들》을 출간했었다. 아쉽게도 지금은 절판되었지만 교보문고 프랜차이즈 분야에서 4년 동안 1위를 기록하며 나름 대한민국 창업시장에 조금이나마 보탬이 되었다고 생각한다.

이번에 출간하는 《배달장사의 진짜 부자들》에는 5년 만에 한국에 돌아와 배달식당을 준비하면서 정리한 노하우와 경험을 담았다. 이 책이 새로 창업을 준비하는 초보창업자와 외식업, 프랜차이즈 회사에 근무하는 분들에게 조금이나마 도움이 되기를 바란다.

한국으로 돌아와 많은 프랜차이즈 대표들과 자영업 특히 외식업 관계자를 만났을 때 어김없이 듣게 되는 이야기가 "배달전문음식점 창업을 준비해야 할 것 같아요."라는 말이었다. 그러나 지금까지 그들에게 도움이 되는 책 한 권을 찾을 수 없었다. 1인 가구의 증가와 스마트폰 앱의 편의성, 코로나 팬데믹 상황까지 더해져 급격하게 변화하는 현재의 대한민국 외식시장은 '배달'이라는 키워드를 빼놓을 수 없는 상황이 되었다.

"잊지 말자, 늘 고객이 시장을 주도한다!"

'혼밥! 테이크아웃! 배달!' 이 3가지 키워드는 앞으로 외식시장의 시대적 흐름을 주도하게 될 것이다. 최근 영국의 백종원이라 알려진 '제이미 올리버'가 파산을 했다는 충격적인 소식이 들려왔다. 1999년, 영국 요리사 제이미 올리버는 24세의 나이에 '스타 셰프' 시대를 열었다. 2003년에는 영국 왕실의 5등급 대영제국 훈장까지 받았던 그가 운영하던 25개 이상의 레스토랑을 정리했다는 것이다. 그로 인해 1,000명이 넘는 셰프와 스태프가 일자리를 잃었다. 그는 치솟는 임대료와 세금을 감당하지 못했고, 거기에 재료비까지 상승해 식당 운영에 어려움을 겪었다고 호소했다. 하지만 언론은 트렌드(시대의 변화)를 읽어내지 못한 그를 평가하며 아쉬움을 전했다. 여기서 말하는 트렌드란 '현관 앞 전쟁' 즉, 온라인 음식배달 서비스를 말한다.

중국은 이미 외식시장 매출의 20%가량을 배달시장에 빼앗기고 있다. 우리나라의 사정도 별반 다를 게 없는데 이미 많은 전문가가 시장을 분석하고 배달음식점 창업을 위해 동분서주 알아보는 분들이 많다. 그럼에도 실질적으로 도움이 되는 정보를 구하기가 어렵다는 이야기를 듣는다. 이에 내가 경험한 시장과 변화를 이끄는 지점에서 성공을 만들어낸 포인트를 전달하고자 이 책을 집필하게 되었다.

이 책에는 한국의 배달창업 시장에 대한 전반적인 내용을 담았다. 총 4개 PART로 구성했고, 영업이나 홍보는 기본이고 고객관리는 물론 직원이나 주방관리까지 사소하다 싶은 내용까지 빠트리지 않았다. PART 1은 대한민국 배달시장을 분석해 창업자의 이해를 돕는 정보를 담았다. PART 2는 배달 창업에 도전하기 위한 실질적인 정보가 담겨 있다. PART 3은 성공을 위한 마케팅 비법을 담았다. PART 4에는 배달창업으로 성공한 기업들의 노하우를 담아냈다.

아무 정보도 얻지 못한 채 배달식당을 준비하는 분들이 이 책을 통해 조금이나마 도움을 받고 멋진 성공사례의 주인공이 되었으면 하는 마음이다. 배달창업으로 고민인 분들에게 작은 나침반이 되길 진심으로 바란다.

마지막으로 이 책을 쓸 수 있도록 도와준 분들에게 고마움을 전하고 싶다. (주)삼백기획의 김준섭 본부장님, 마케팅에 든든한 힘이 되어준 (주)인펀커뮤니케이션 윤석인 대표님, 빠레뜨한남 강병양대표님과 강병훈부대표님, 봉명동내커피 김지우대표님, 감성키친 김은상대표님과 김영재이사님, 청춘국물닭발 오승근대표님, 이현우이사님, 필라프에 빠지다 신윤호, 김용태대표님, 돈데이 김태진대표님, 맥형TV의 이승현대표님, 마시톡TV의 배현우대표님, (주)유선식품 유선국대표님, 인테리어 송태희대표님 그리고 늘 옆에서 힘을 주면서 함께 집필한 공동저자 엠브로컴퍼니 임형재대표님, 유튜버 율고래님, 맨 먼저 출판을 제안한 리드리드출판 편집진에게 다시 한번 감사의 말을 전한다.

더불어 늘 부족하지만 자녀 삼아주신 하나님 아버지께도 감사드리고, 무슨 일을 하든 늘 믿어주고 응원해주는 가족들에게도 감사의 말을 전한다.

㈜삼백기획 대표 손승환

차례

PART 01

배달시장에 도전장을 던져라

PART 02

적은 투자로 큰 수익을 노려라

PART 03

매출을 극대화하는 비법을 배우자

THE REAL RICH PEOPLE
IN THE DELIVERY BUSINESS

PART 04

작은 배달식당으로 1억 매출 달성하기

스무 살이든 여든 살이든 배우는 것을 멈춘 사람은 늙은이다.
계속 공부하는 사람은 언제나 젊음을 유지한다.
인생의 위대한 덤은 마음을 젊게 유지하는 것이다.

헨리 포드

PART 01

배달시장에 도전장을 던져라

THE REAL RICH PEOPLE
IN THE DELIVERY BUSINESS

배달의 전성시대다. 특히 배달음식을 선호하는 사람들이 늘고 있다. 시간과 노력을 기울이지 않아도 맛과 영양, 위생이 보장된 메뉴를 선택해 집으로 배달시킨다. 이는 코로나 팬데믹 이후 계속 증가세를 이루더니 이제 일상으로 정착되어간다. 문명의 이기와 더불어 이제 누구든 언제 어디서든지 원하는 메뉴를 쉽게 주문할 수 있다. 돈이 배달시장에 몰리고 있다는 말이다. 무엇을 원하는가. 성공? 그렇다면 작은 배달식당에 도전하라.

Chapter 01

배달은 시대의 대세다

세계 배달시장의 규모는 얼마나 될까? 시장조사 기업 프로스트앤드설리번 조사에 따르면 세계 온라인 음식 배달시장 규모는 [도표 1-1]에서 보는 것처럼 2018년 820억 달러(약 95조 원)이다. 2025년에는 2,000억 달러(약 232조 원)로 2.3배 늘어난다고 전망했다. 또 다른 글로벌 컨설팅기업 맥킨지앤드컴퍼니McKinsey&Company 역시 2018년부터 2020년까지 14.9%가량 평균 성장한다고 예측했다. 여기서 주목할 점은 두 조사기관 모두 연평균 두 자릿수 성장을 전망했다는 점이다.

실제로 코로나 팬데믹 이후 전 세계 배달시장 규모는 급성장하고 있다. 가게 대 소비자가 직접 대면하던 방식에서 이제는 언제 어디서든 음식을 주문할 수 있는 시스템이 체계화되었다. 그뿐만 아니라 맛과

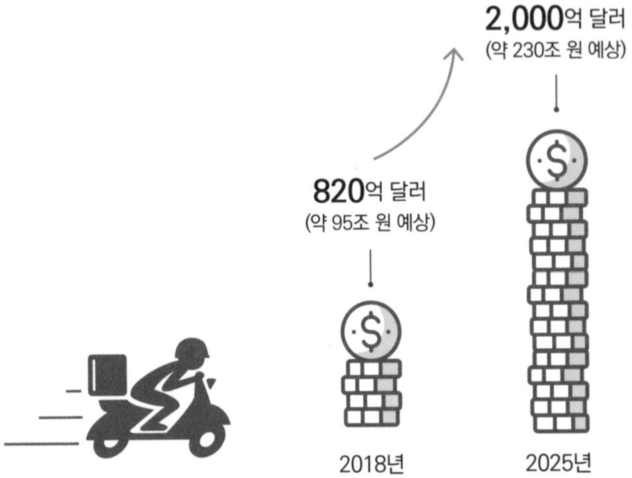

[도표 1-1] 온라인 음식 배달시장의 규모(단위, 달러)

위생이 보장되고 신속과 친절까지 갖추고 소비자에게 다가가고 있다. 그로 인해 영업과 주문, 결제가 모바일로 이루어지는 배달시장은 IT 공룡 기업들의 전쟁터가 되어 가고 있다. 더 나아가 최근에는 공격적 글로벌 M&A를 통해 다수의 기업이 인수합병되는 상황이다.

우리나라에서도 2019년 12월 13일 딜리버리히어로DH가 대한민국 1위 배달앱 업체인 배달의민족을 45억 달러(약 5조 원)에 인수합병 했다. 사실 딜리버리히어로는 2018년 배달의민족을 인수하기 위해 3조 원의 인수합병을 제안했지만, (주)우아한형제들은 이를 거절했었다. 인수합병이 순조롭게 진행되지 않았던 딜리버리히어로는 점유율을 뒤집기 위해 1,000억 원의 대규모 마케팅비를 집행하며 공격적으로 나섰다. 하지만 결과적으로 배달의민족의 승리로 끝났고, 결국 금액을 올려 인수하는 쪽으로 계획을 변경했다.

이를 통해 딜리버리히어로는 국내 배달앱 사용자의 98.7%를 차지하는 독점기업이 되었다. 그리고 (주)우아한형제들 창업자인 김봉진 대표는 딜리버리히어로 아시아 총괄 책임자가 되었다. 현재는 독점규제 및 공정거래에 관한 법률에 따라 요기요를 매각 진행 중이다.

월스트리트저널WSJ은 "아시아 지역의 소비자는 전자상거래와 디지털 결제에 익숙해 음식배달앱을 사용할 가능성이 크다. 특히 인구 6억 명이 사는 동남아를 주목해야 한다."라고 발표했다. 또한, 미국 경제잡지 포브스는 2018년 음식배달 서비스 스타트업에 투자된 자금은 96억 달러(약 11조 원)이며, 이 중 60%가 아시아 지역에 투입되었다고 전했다. 현재 아시아는 배달시장 규모에서 55%로 가장 큰 비중을 차지하고 있다.

2014년 중국에서 식당 창업 당시 우리나라 같은 배달시스템이 자리잡을 수 있다고는 상상하지 못했다. 가게의 매출은 현금 결제가 대부분이었다. 신용카드조차 흔하지 않아서 우리를 포함한 대다수 가게가 신용카드 단말기를 설치하지 않았다. 그러나 스마트폰을 이용한 웨이신 결제와 알리바바의 알리페이가 현금을 대체하면서 그 어떤 나라보

[도표 1-2] 세계 주요 배달앱 주문액 기준 순위

다 빠르게 현금 없는 사회로 바뀌었다. 더불어 IT 기술력을 바탕으로 불과 몇 년 만에 배달시장이 급성장했다. 그 결과 [도표 1-2]에서 보는 것처럼 중국업체 메이투안meitun이 전 세계 배달앱 1위 주문액을 차지하고 있다.

요기요와 배달의민족에 밀려 한국에서 철수한 우버이츠는 2014년 8월 캘리포니아주 산타모니카에서 음식배달을 시도했다. 2015년 우버이츠라는 플랫폼으로 이름을 변경하여 뉴욕, 시카고, 바르셀로나 등으로 사업을 확장하고 있다. 네덜란드 테이크어웨이는 2020년 1월 9일 암스테르담에서 열린 임시 주주총회를 통해 저스트잇의 합병이 성사되었다. 저스트잇이 제시한 금액은 77억 달러(약 9조 원)였다. 이로써 테이크어웨이는 유럽에서 가장 큰 배달앱으로 재탄생되었다.

▶세계 배달앱 순위

1위 메이투안(중국)

2위 우버이츠(미국)

3위 테이크어웨이(네덜란드)

Chapter 02

끝없이 넓어지는 배달시장

시장조사기업 글로벌 빅테이크연구소에 따르면 2022년 사용자 기준 배달의민족이 66%로 1위이다. 그 뒤를 딜리버리히어로 코리아의 요기요가 17.9%, 쿠팡이츠 13.6% 순이다. 2020년 12월 28일 공정위는 딜리버리히어로가 배달의민족 주식 88%를 취득하는 기업결합을 승인한다고 밝혔다. 하지만 딜리버리히어로는 요기요를 이미 보유하고 있어 배달시장의 독과점이 예상됨에 따라 6개월 내 자회사 지분을 팔아야 한다는 조건을 붙였다.

이는 딜리버리히어로가 배달의민족 운용업체인 (주)우아한형제들의 주식을 40억 달러(약 5조 원)에 취득하고 공정위에 기업결합을 신고한 지 1년 만에 나온 결론이다. 2019년 우리나라 배달앱 시장 규모는

9조 2,950억으로 전년 대비 84.6% 성장했다. 이미 배달업이 전체 외식 시장 규모의 53%라는 엄청난 비중을 차지하고 있음을 나타낸다. 2020년과 2021년은 코로나19의 영향으로 15조 시장 규모로 확장될 것이라는 전망도 나오고 있다.

우리나라 배달앱의 역사는 2010년에 스토니 키즈(대표 김상훈)가 출시한 배달통과 함께 시작되었다. 배달통은 두 가지 의미를 담고 있는데 음식을 배달하는 '통桶'과 어디에나 '통通'하는 배달이라는 뜻이다. 배달통은 우리나라 최초의 배달앱 업체였지만 출시 5년 뒤인 2015년 미래 가능성을 크게 본 독일회사 딜리버리히어로에 매각된다.

배달통을 인수한 딜리버리히어로는 우리가 알고 있는 요기요라는 독일회사로 2012년부터 한국에서 배달앱 서비스를 시작했다.

독일회사인 딜리버리히어로가 우리나라에 2012년 설립한 요기요는 '요기요Yogiyo'는 '이쪽here'에 시장기를 면하게 해주는 요깃거리의

우리나라 최초의 배달앱 서비스 배달통

2012년부터 한국에서 배달앱 서비스를 시작한 요기요

'요기'를 더해 만들었다. 처음 요기요가 출시되었을 때 소비자는 당연히 한국 기업이라고 인식했다. 이에 배달의민족이 "우리가 어떤 민족입니까?"라는 마케팅 전략을 외치며 요기요가 외국 기업이라는 것을 알리고 시장에 뛰어들었다.

이후 배달의민족은 누적 주문 수 2억 건, 누적 주문액 4조 원을 돌파하며 2016년 4월 아시아 최대 벤처 캐피털인 힐 하우스캐피털로부터 570억 원을 투자받았다. 그 결과 2016년 상반기 매출 349억 원, 영업이익 9억 원을 기록하면서 첫 흑자전환에 성공한다. 그리고 2018년에는 매출이익 3,200억 원, 영업이익 596억 원까지 치솟았다.

2011년 배달통과 비슷한 시기에 시작한 '배달의민족'의 현재 기업가치는 5조 원, 월평균 주문 수 4,000만 건, 월 앱 방문자 1,200만 명을 돌파하고 있다. 기업의 출발은 단순한 배달서비스였지만, 현재는

“우리가 어떤 민족입니까?”라는 마케팅 전략으로 시장에 뛰어든 배달의민족

물류와 이커머스 등 다양한 분야로 사업을 확장해 푸드테크기업으로 변화 중이다. 2019년 말 독일 딜리버리히어로에 인수 합병된 뒤에는 자율주행형 로봇 개발과 로봇 렌탈시스템 개발에 집중하고 있다.

2019년 4월 쿠팡에서 ‘쿠팡이츠’ 서비스를 시작했다. 하지만 2020년까지 시장점유율이 3.1%에 불과하고 서비스 지역도 수도권에 불과했다. 2021년 현재 쿠팡이츠는 전략을 바꾸었다. ‘30분 배달’, ‘최소주

다양한 분야로 사업을 확장하고 있는 배달의민족

공격적인 마케팅을 펼치며 빠르게 시장점유율을 끌어올리는 쿠팡이츠

문 금액 0원', '배달비 무료' 등 공격적인 마케팅을 펼치며 빠르게 시장점유율을 끌어올리고 있다.

반면, 성업 중인 배달앱 플랫폼이지만 이용하는 가맹점에 과다한 수수료 책정 문제도 제기되고 있다. 이에 지역의 공공기관에서 자체적으로 배달앱을 개발 중이다. 경기도의 '배달특급', 서울시의 '제로배달', '먹깨비' 등이 그것이다. 배달앱 경쟁은 앞으로도 계속될 전망이다. 이로 인해 점포는 저렴한 수수료로 수익을 높이고 소비자는 고품질의 서비스를 받게 될 전망이다.

Chapter 03

배달시장이
커질 수밖에 없는 이유

우리나라 배달시장 규모는 20조 원까지 성장했다. 코로나 팬데믹 이후 배달시장의 성장 속도는 전 세계적 현상이 되었다. [도표 3-1]에서 보는 것처럼 3년간 네이버 데이터랩에서 '배달창업' 키워드 증가율만 살펴보더라도 우리가 왜 배달창업에 주목해야 하는지 한눈에 알 수 있다. 이미 배달은 경제성장의 대세가 되어가고 있다.

배달시장이 커질 수밖에 없는 5가지 이유를 알아보자.

첫째, 편의성이다.

스마트폰은 일상생활에 없어서는 안 되는 필수품목이 되었다. 거기에 핀테크 기술은 스마트폰으로 금전거래가 가능하도록 발전했다. 이

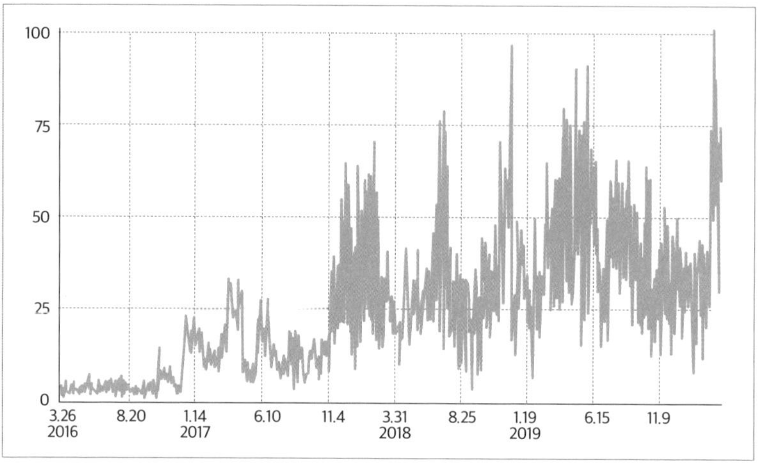

[도표 3-1] 네이버 데이터랩 '배달창업' 키워드 3년의 변화 그래프

에 배달의민족, 요기요와 같은 업체들이 배달 중계 앱을 개발하면서 스마트폰에 익숙한 소비자가 쉽게 음식을 주문할 수 있는 발판을 마련했다.

전화번호부를 뒤지던 시대에서 쿠폰북을 찾던 시대를 넘어 비약적 발전을 이룬 것이다. 그냥 배달앱만 켜면 개인적 취향의 맛집부터 신규 맛집, 랭킹별 맛집을 정리해주고 몇 번의 터치로 주문이 가능하다. 어디 이뿐인가. 배달기사를 통해 원하는 곳에서 받을 수 있는 편리함까지 갖춰졌다.

이러한 흐름은 지금의 10~20대 젊은 세대가 앞으로 주요 소비자층이 되는 시대가 되면 더욱 증가할 수밖에 없다. 실제로 현재 50~60대의 경우 배달앱의 사용이 현저히 떨어진다. 가정에서 주문할 때도 자녀가 대신 배달앱을 이용해 주문한다. 이를 시장 성장의 가능성에 대입해보면 배달시장의 전망은 매우 밝다.

둘째, 신뢰성이다.

예전에 배달음식이라면 소비자가 확인할 수 없는 장소에서 만들어지기에 위생적이지 않다는 편견이 있었다. 누가 어떤 재료로 만들었는지 알지 못해 안심할 수도 없었다. 그러나 지금은 배달앱의 리뷰, 가게 정보 등을 통해 가게 사장과 직접적인 소통을 하고 소비자가 가게를 평가할 수 있는 시대가 되었다. 그래서인지 나이 어린 자녀들 둔 가정이나 3인 가정의 경우 마트에서 장을 보는 것보다 때론 배달로 한 끼를 해결하는 게 오히려 불필요한 낭비를 줄이고, 합리적인 소비라고

젊은 세대가 주요 소비자층이 되면서 배달음식 주문은 증가할 수밖에 없다.

입을 모은다. 음식을 만드는 시간과 노력을 제외하고도 이런 계산이 나오니 젊은 세대는 집밥을 고집하지 않는다. 에너지를 아끼고 보다 실용적인 방법을 선택하는 것이다.

셋째, 다양성이다.

배달의민족이나 요기요와 같은 배달앱을 이용해본 사람이라면 누구나 공감하겠지만, 지금은 배달로 주문할 수 있는 음식이 너무나도 다양해졌다. 예전에는 배달음식이 짜장면이나 치킨, 족발, 야식 등의 별식 개념이었다면 지금은 외식을 넘어 수시로 먹는 일반 가정식까지 배달주문이 가능해졌다. 한마디로 말하면 뭘 먹을지 고르는 것이 재미있어졌다는 것이다. 쌀국수, 라면 등의 면류뿐만 아니라 스파게티 등의

지금은 고기 굽는 불판과 버너까지 배달로 받을 수 있는 배달 전성시대다.

각종 양식, 커피나 빵 등의 디저트류, 나아가 삼겹살에 심지어는 고기 굽는 불판과 버너까지 모두 배달로 받을 수 있는 배달 전성시대가 된 것이다.

넷째, 비대면 사회의 도래이다.

코로나19의 영향을 고려하지 않더라도 이미 이전부터 사람들은 일상 속에서 누군가를 직접 만나서 이야기를 나누는 것에 대해 불편함을 느끼고 있었다. 이와 더불어 다양한 비즈니스 분야에서도 직접 만나서 하는 업무보다 비대면非對面 소통을 선호하는 경향이 점차 늘고 있다. '사람을 서로 만나지 않게 하는 방법'이라는 명제가 IT업체의 화두였을 정도이니, 비대면 서비스에 대한 필요는 너무나 당연했다.

나는 비즈니스 차 한국과 중국을 오가는 일이 잦은 편이다. 그때마다 비싼 국제통화요금을 부담하면서 바이어들과 통화하는 것보다 '카카오톡'이나 '웨이신(중국SNS)'을 통해 대화하는 것이 훨씬 경제적이고 상대도 합리적이라고 생각한다. 비즈니스가 아닌 일상의 모습으로 들어와 보더라도 어떤 가정은 가족끼리 집 안에서도 간단한 의사소통은 카톡을 활용하여 대화한다고 하니 시대의 변화에 새삼 놀라지 않을 수 없다.

코로나 팬데믹이 발생하면서 이러한 시대적 변화는 빠르게 앞당겨

졌다. 화상회의나 ERP시스템(생산·판매·인사·회계 등의 데이터를 통합관리함으로써 조직운용의 효율성을 극대화하려는 경영혁신 기법의 하나로 전사적 자원관리시스템)을 통한 재택근무로 일의 효율성을 높이는 방법을 강구한다. 대면을 위한 이동시간이나 심리적 부담을 떨쳐버리려는 사람이 늘어나는 추세인 것이다. 이런 소비자의 요구를 배달업이 충족시켜준다.

다섯째, 창업시장의 구인난이다.

최저임금의 상승과 관련 정책의 변동 등으로 외식시장에서 직원을 고용하기가 점점 부담스러워지고 있다. 또한 고용법을 악용하는 사례들도 발생하고 있어 가게를 운영하는 사장들의 고충이 이만저만이 아니다. 이러한 인력운영의 스트레스로 인해 '나홀로 1인 운영'이 가능한 배달창업에 많은 예비창업자가 몰리고 있다. 오프라인 홀장사의 경

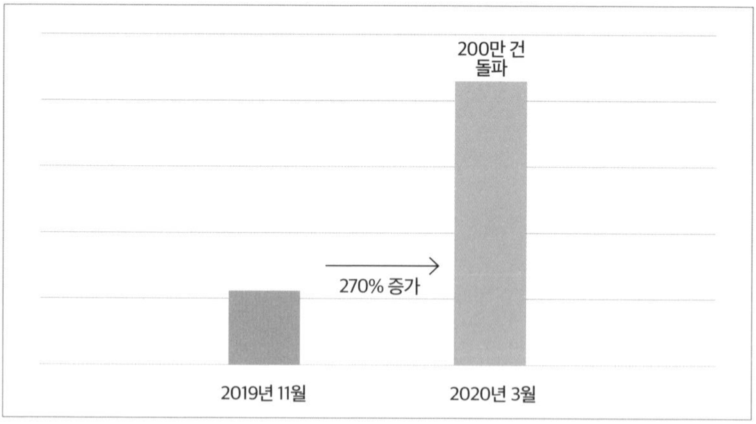

[도표 3-2] 배달의민족 오더 4개월간 누적 주문 수

우 직원이 없으면 사실상 운영에 어려움을 겪는 경우가 많지만 배달장사의 경우 직원 없이 혼자서도 충분히 운영이 가능하기 때문이다. 만약 주문이 몰려서 더 이상 조리가 불가능한 상황이 발생하더라도 '일시 정지 기능'을 활용하여 융통성 있게 매장 운영할 수 있다.

배달의민족 기능 중 '배민오더'는 '포장판매' 방식을 말한다. 배달의민족 자료에 따르면 [도표 3-2]에서 보는 것처럼 2019년 11월 74만 건에 불과하던 오더 누적 주문 수가 4개월 후인 2020년 3월에는 250% 증가한 200만 건을 돌파했다.

이러한 성장 속도가 언제까지 유지될지 모르지만 배달시장의 양질의 발전은 더욱 가속화될 것이라고 전 세계의 경제 전문가들은 입을 모은다. 바로 이 지점이 우리가 배달창업을 눈여겨봐야 할 요소이다.

Chapter 04

배달창업 4가지 방법

배달창업에도 프랜차이즈업체들이 대거 등장하고 있다. 브랜드만 들어도 맛이 연상되는 홍보와 메뉴를 제공하는 특징이 있다. 경험이 없거나 요리에 자신이 없는 경우, 자영업에 첫발을 내딛는 초보창업자는 프랜차이즈를 원한다. 체계적으로 교육받고, 반조리 형태의 식재료를 공급받아 조리하므로 맛이 보장된다는 이점 때문이다. 반면, 음식점 경력이 오래되거나 요리에 자신이 있다면 개인적으로 모든 것을 통제할 수 있는 '단독창업'을 선호한다.

불과 몇 년 전만 하더라도 치킨과 피자 업종을 제외한 대부분의 업장은 개별적 상호를 가진 형태로 운영되고 있었다. 그래서 지금도 개인 업장을 가지고 있다면 기존 업장에 신규로 하나 더 배달업종을 추가 창업하는 '샵인샵'을 선호한다. 기존의 영업하던 음식점에 하나의 메뉴를 추가한다든지, 전혀 다른 분류의 업종으로 사업자를 내고 한 곳에서 두 사업자를 운영하는 것이다. 또한 '프랜차이즈' 가맹이 아니더라도 '공유주방' 시스템으로도 창업이 가능하다.

공유주방은 뒤에서 다시 한번 정리를 하겠지만, 지금은 오히려 공급이 수요를 넘어선 상태로 많은 업체에서 입점할 창업자를 구하지 못하는 실정이다. 처음에는 자본금이 적게 든다는 장점에 솔깃해서 공유주방 창업을 알아보려던 사람도 프랜차이즈 창업이나 개인창업으로 눈을 돌리는 경우가 많다.

지금부터 샵인샵, 단독창업, 프랜차이즈, 공유주방 4가지 형태의 배달창업을 구체적으로 알아보자.

샵인샵

말 그대로 '매장 안의 매장'이다. 장사를 하면서 더 많은 매출을 올리기 위해서는 크게 두 가지 노력을 해야 하는데, 더 많이 팔거나 현재의 고정지출을 줄이는 것이다. 그러나 임대료, 인건비, 공과금 등의 고정비는 줄이기 어려운 한계가 있다. 그렇다면 결국 더 많이 팔아야 하는데, 그 방법 중 하나가 새로운 아이템을 추가하는 것이다.

사실 샵인샵의 개념은 지금처럼 배달시장이 활발해지기 전부터 존재했다. 배달앱이 등장하기 전에 각각 다른 전단지를 보고 냉면, 순대,

닭발, 아구찜 등을 시키지만 서로 다른 메뉴를 시켜도 알고 보면 같은 음식점에서 배달을 오는 경우가 많았다. 매장 안에 전화기를 여러 대를 두고 업종별로 주문 전화를 받았던 것이다. 지금도 상황은 크게 다르지 않다. 샵인샵 아이템의 수요가 급증하다 보니 자연스럽게 많은 샵인샵 전문업체들이 생겨났다. 이런 업체를 통해 아이템을 공급받아 기존 주방에 재투자 없이 현 상태 거의 그대로 활용하고 있다. 배달앱 카테고리 안에 아이템을 등록하여 추가 매출이 가능한 것이다.

샵인샵 업체의 초기 입점비(가맹비, 교육비 등)는 평균적으로 100~300만 원 정도로 업계 평균보다 저렴하다. 별도의 입점비용 없이 제품만 납품해주는 업체도 많아서 초기비용이 거의 들지 않는다는 장점이 있다. 하지만 샵인샵을 위해 아이템을 추가할 때는 유의해야

샵인샵은 배달앱 카테고리 안에 아이템을 등록하여 추가 매출이 가능하다.

하는 것들이 있다. 우선 현재 운영 중인 매장과 적합한 아이템인지 살펴보아야 한다. 현재 보유한 화구만으로 조리가 가능한지, 튀김기가 필요한지, 기존의 메뉴와 조리동선이 꼬이지 않는지 등 문제가 되지 않도록 아이템 선정에 신중을 기해야 한다.

다음으로는 인건비 체크인데 되도록이면 추가 인원이 발생하면 안 된다. 앞서 언급했듯 샵인샵 운영은 '순마진'을 높이자는 취지이므로 고정비 상승은 최소한으로 유지해야 한다. 현재 매장을 운영하고 계시는 분 중에서 샵인샵 운영을 고민 중이라면 먼저 직원들과 소통해보자. 전부는 아니겠지만 직원들 대부분은 변화를 싫어하고 매출이 오를수록 바빠지고 일거리가 많아지는 걸 좋아하지 않는다. 그래서 샵인샵 아이템을 추가하면서 기존 직원이 불만을 갖는 경우도 생길 수 있다. 이에 미리 대비해두는 것이 좋다.

단독창업

말 그대로 개인이 혼자서 모든 것을 준비하고 창업하는 것을 말한다. 대부분 이런 경우는 공유주방에서 경험치를 쌓은 후 어느 정도 자신감을 가지고 독립을 위해 창업하거나, 기존에 장사경력이 있어서 음식 조리나 오픈 준비 등에 큰 무리 없이 매장 운영이 가능할 때 창업하게 된다. 굳이 프랜차이즈를 통하지 않더라도 자신이 가진 능력으로 충분히 안정적인 운영이 가능한 경우가 이에 해당한다.

흔히 우리가 '장사꾼'이라고 부르는 자신만의 확실한 노하우를 보유한 분이나 프랜차이즈와 협업에서 오는 시너지보다 개인적으로 이런 저런 아이디어를 펼쳐보고자 하는 독자적 성향이 강한 분들은 단독창업이 더 유리할 수 있다. 공유주방의 경우 매장을 오픈하고 장사가 잘 되더라도 권리금을 보장받을 수 없는 경우가 많다. 하지만 단독매장의 경우 그동안의 영업 성과에 따라 충분히 권리금을 보장받을 수 있고, 프랜차이즈 가맹 시 발생하는 가맹비, 교육비 등의 초기 오픈 비용도 절약할 수 있기 때문이다.

하지만 외식업을 오랫동안 운영했더라도 배달업에서는 처음 단독창업하는 것이라면 배달앱 플랫폼 관리, 배달형매장운영 시스템, 리뷰를 통한 고객관리, 배달 맞춤 마케팅 방법 등 전반적인 배달 시스템에 익숙지 않을 수 있다. 이런 부분을 어려워한다면 배달업종을 적극적으로 추천하지 않는다.

프랜차이즈

지금은 배달 프랜차이즈의 춘추전국시대다. 코로나 팬데믹 이후 우리 사회는 거리 두기가 생활화되었다. 이제는 그 거리 두기가 익숙해져 사람과 사람 사이가 더 단절되는 현상으로 나타나고 있다. 이런 추세는 앞으로 더 심해질 것으로 전문가들은 내다보고 있다. 그러다 보니 이미 10평 내외의 좁은 점포에서 배달판매로만 1억 이상의 매출을 올리는 박리다매형 배달 프랜차이즈가 생겨났다. 1인이 운영하면서 시간제 아르바이트생만으로도 월 3,000만 원 넘는 매출로 1,000만 원 이상의 순이익이 나오는 프랜차이즈도 생겼다.

프랜차이즈는 전국 어느 매장이나 시스템이나 맛, 그리고 전체적인 디자인 패키지, 마케팅 광고까지 지속적으로 업그레이드되고 홍보된다. 이로 인해 앞으로 일반 개인이 운영하는 일반 업장이나 샵인샵으로 운영하는 매장과는 점차 경쟁력에서 차이가 발생할 것이라고 예상한다. 이미 배달프랜차이즈는 수백 곳 이상 생겨났고, 가맹점을 오픈하기 위한 경쟁 또한 뜨겁다. 현재 '배달창업'이라는 키워드가 네이버 광고에서 한 번 클릭당 15,000~20,000원까지 소진됨에도 불구하고 150여 개 업체가 키워드 상위 노출 경쟁을 하고 있는 실정이다.

지금은 배달 프랜차이즈의 춘추전국시대다.

배달전문 프랜차이즈 평균 가맹비는 300~700만 원 정도이고, 교육비는 100~200만 원 정도로 책정되고 있다. 프랜차이즈임에도 불구하고 오프라인 창업과는 다르게 배달업종 특성상 인테리어나 익스테리어에 크게 신경을 쓰지 않아도 돼서 대부분 인테리어 시공과 주방기물 집기 구매를 자율에 맡기는 추세다. 인테리어 감리비용 또한 평균 200만 원 정도로 낮게 책정되는 것도 같은 이유 때문이다. 따라서 프랜차이즈 창업은 외식업력이 적은 초보나 경험이 많은 베테랑 중에서도 협업에서 오는 시너지 활용이 능한 분에게 추천한다.

공유주방

주방 하나를 정해진 시간만큼 공유하거나 대형 주방을 여러 사용자

공유주방은 최소한의 주방기물을 제공한다는 장점이 있다.

가 동시에 공유하는 방식을 뜻한다. 주방만을 가지고 임대사업을 하는 것도 공유주방이며, 대형 규모의 주방을 놓고 F&B 창업자를 길러내는 시스템도 공유주방으로 생각하면 된다. 국내에도 '키친밸리', '고스트 키친', '위쿡' 등의 많은 신생업체가 생겨났다.

공유주방의 장점은 인테리어 시공비용을 어느 정도 절감할 수 있고, 주방기물도 일정 부분 사용이 가능해 초기 투자비용이 공실 매장보다 상대적으로 저렴하고, 홀을 갖춘 경우라면 빠르게 영업을 시작할 수 있다는 점이다. 그리고 기존 푸드코트의 형태와 유사하지만 최소한의 주방기물을 제공한다는 점과 배달판매 시스템을 보다 효과적으로 지원한다는 장점도 있다.

공유주방은 신메뉴나 새로운 브랜드를 테스트하기 위한 유경험자에게 유리한 창업방식으로 초기 투자비용이 적은 만큼 월 임대료와 관리비 등 고정비가 비교적 높은 편이다. 또한 주방기물·집기가 구비되어 있다고는 하지만 판매하고자 하는 메뉴의 종목에 따라서 주방을 다시 세팅해야 하거나 추가로 보완해야 하는 경우가 많고, 단독상가가 아니어서 추후 영업종료나 이전 시에 시설·영업권리를 보장받기 어렵다는 단점이 있다.

Chapter 05

배달음식점 수익구조 계산공식

어느 분야든 사업자는 수익에 민감해야 한다. 한 달 매출액 대비 비용과 순수익이 계산되어야 운영에 융통성이 발휘되고 투자에 과감해진다. 매출이 높다고 해서 수익까지 올라가는 게 아니고 매출이 낮다고 수익이 꼭 줄어드는 것도 아니다. 주먹구구식 회계방식은 앞으로 남고 뒤로 밑지는 장사를 하게 한다. 세세하게 분석된 원가계산과 비용, 매출액에 따른 수익을 계산해두어야 효율적으로 가게를 운영할 수 있다.

[도표 5-1]에서 보는 것처럼 A 배달업체의 총 매출이 2,400만 원일 때 변동비와 고정지출을 뺀 나머지가 순이익이다. 변동비는 식자재, 포장용기, 배달료, 부가세, 카드수수료를 말하는데 매출액에 따라

항목	금액	비고
매출	24,118,130원	
고정비	5,052,980원	총 매출의 21%
식자재	10,129,602원	총 매출의 42%
배달료 (140건)	840,000원	직접 배달 병행
포장 용기 등	278,000원	
부가세(±5)	400,000원	
카드수수료	570,680원	외부결재 직접결재
순이익	6,846,871원	총 매출의 28.3%

변동비

고정비 내역		
임대료	500,000	-
인건비	2,700,000	직원 1인 고용
전기세	98,570	
도시가스	244,410	12월 평균
수도	20,000	
정수기	10,000	브랜드 별 상이
인터넷/tv/전화	40,000	
주류/음료	584,000	-
세무기장	70,000	-
음식물 처리	70,000	종량제 봉투 등
배달업체 가맹비	100,000	월 가입비
배달의 민족	616,000	깃발 7개
합계	**5,052,980**	**-**

[도표 5-1] A 배달업체의 수익구조(단위, 만 원). 변동비는 매출에 따라 변동 폭이 크게 변하는 금액이고, 고정비는 매출이 변해도 영향을 적게 받고 고정적으로 일정하게 지출되는 금액이다.

변동비용도 늘어난다. 반면 고정비용은 매달 지출되는 일정액으로 인건비와 임대료, 전기료, 도시가스, 수도, 포스비용, 정수기, 보험, 인터넷, 주류, 세무기장, 음식물 처리비용, 배달업체 가입비, 기타비용, 광고비용 등이다. 총매출액에서 변동비용과 고정비용의 합을 빼주면 순수익이 된다.

배달업체의 실제 가게 매출은 배달의민족 결제만 있는 건 아니다. 현금결제, 포장주문, 홀 고객도 있을 수 있다. 거기에 다른 배달앱까지 계산한다면 사실은 이보다 훨씬 더 복잡해진다. 이 계산은 업체의 이해를 돕기 위한 가정이다.

창업하는 시점에서 최소한 얼마를 팔아야 수익을 남길 수 있는지, 최소한 얼마를 팔아야 손해가 아닌지 알아야 한다. 이를 계산하는 건 손익분기점이다.

주먹구구식 회계방식은 앞으로 남고 뒤로 밑지는 장사를 하게 한다.

* 손익분기점BEP : BREAK EVEN POINT : 총매출액과 총비용이 일치하여 손실이나 이익이 발생하지 않는 단계를 말한다.

P : 손익분기점

S : 고정비(인건비, 관리비, 임대료, 감가상각비)

G : 변동비(식자재, 배달료, 포장용기, 부가세, 카드수수료 등)

K : 총 매출액

P = S÷{1-(G÷K)}

수식을 [도표 5-1]의 가게에 적용해보면

P : 손익분기점

S : 고정비 → 505만 원

G : 변동비 → 1,220만 원

K : 총 매출액 → 2,400만 원

손익분기점 = 505만 원÷{1-(1,220만 원÷2,400만 원)}

= 1,026만 원

* 505÷(1-0.508) = 1,026

즉, 1,026만 원이 이 가게의 손익분기점이다.

그럼 손익분기점을 넘기려면 한 달에 몇 개의 주문(콜)을 받아야 할까?

A 배달가게

손익분기점 : 월 10,260,000원

1회 판매가 평균 : 25,000원

배달팁 : 1,000원

손익분기점 주문 건수 계산법

손익분기점 매출 ÷ 판매 단가(배달팁 포함)

10,260,000원 ÷ 26,000원 = 394건

*월 배달 건수 394건

*한 달 30일로 나누면 하루 13건

	항목	금액(원)	비고
매출	판매가	25,000	-
	배달팁	1,000	-
	합계(a)	26,000	-
지출	식재료+포장재	9,620	매출의 37%
	배달료	4,000	-
	마케팅 비용	1,000	매출의 5~10%
	합계(b)	14,620	매출의 56%
순이익	a - b	11,380원	판매가 43%

[도표 5-2] 배달의민족 기준 1회 배달 시 예상 순이익 계산법(단위, 원)

A가게는 최소 하루 13건 이상이면 수익이 난다는 결론이다.
단, 휴일이 있다면 그만큼 하루 배달 건수가 올라가야 한다.

[도표 5-2]에서 보는 것처럼 주문당 판매가 25,000원, 고객에게 추가로 받는 배달팁 1,000원을 더하면 1회 총매출 26,000원이다. 여기에 원가율(식재료 원가와 포장원가)을 매출의 37%라고 가정하면 9,620원, 배달비용 4,000원, 마케팅 비용(배민 깃발 비용+수수료) 1,000원을 빼면 14,620원의 수익이 발생한다. 약 43% 수익률이 나오는 것이다. 배달판매로써 35~40%의 마진율이 업계 평균이라고 보면 43%라는 수치는 괜찮은 비율이라고 볼 수 있다. 여기에서 고정비를 제외하면 실제 순수익이 된다. 만약 직접 배달도 병행한다고 가정하면 수익률은 더 높아진다. 근거리 혹은 바쁘지 않은 시간대에는 직접 배달하는 것이 유리하다.

Chapter 06

배달창업에 불리한 조건 VS 유리한 조건

"배달창업에 유리한 사람들이 따로 있을까?"라는 질문에 쉽게 답을 내릴 수는 없다. 그러나 대한민국 창업시장을 10년 넘게 지켜본 결과 나름의 변화와 흐름이 있고, 그 시대에 맞게 적응해서 성공하는 사람들이 있었다. 만약 배달창업을 시작하기 전이라면 반드시 이 책을 읽고 고민해보기를 진심으로 바란다. 배달창업에 유리한 조건을 알아보기 전에 창업 후 배달시장에서 좋은 결과를 만들어내지 못한 사람들의 이야기를 먼저 해보려 한다.

투잡 or 투자목적으로 창업하는 사람들

배달형매장을 운영하려는 분들은 고객과 직접 만나는 기회가 거의 없으므로 특별한 서비스가 필요하지 않다고 생각하는 경향이 있다. 괜찮은 아이템만 있으면 적은 투자비용으로 창업해서 직원 한두 명 고용하고, 오토로 운영하는 정도로 고정적 수익을 기대하는 예비창업자들도 있다. 전부라고 할 순 없지만 이런 마인드를 가진 창업자들 대부분은 결국 좋은 결과를 얻지 못한다.

배달은 고객과 직접 만나지 않기 때문에 홀매장보다 더 많은 서비스 디테일을 필요로 한다. 직원에게만 맡기면 음식 용기에 음식물이 묻어도 꼼꼼히 살피지 않고 그냥 나가거나 포장할 때도 수저 혹은 리뷰서비스 품목 등을 빠뜨리는 일이 다반사다.

배달창업은 홀매장처럼 사람들이 북적거리며 활기가 도는 분위기가 아니다. 기껏해야 음식을 픽업하기 위해 들어오는 배달기사들과 간간이 이야기 나누는 것이 전부인 게 배달창업이다. 그래서인지 똘똘하고 에너지 넘치는 직원은 구하기 힘들고, 사장이 가게에 없으면 조리 시스템이 조금씩 변하다가 맛도 결국 엉망이 되기 쉽다. 홀매장처럼 지켜보는 사람도 없고 사장이 현장에 있지 않다면 미흡한 부분도 바로 티가 나지 않는다. 예를 들어 밥을 조금 설익게 지었다고 가정해보자, 홀매장의 경우 고객이 바로 종업원이나 관계자를 불러서 불만을 표현하면 즉시 새로운 밥을 제공하는 등의 조치를 취할 수 있다. 그런데 배달의 경우라면 이야기가 달라진다. 고객리뷰에 불만을 표현하는 고객들도 있겠지만, 대다수의 경우 불만조차 표현하지 않고 이후에 재주문을 하지 않는다. 소비자 입장에서 이 문제를 보면 간단하다. 1시간을 기다려 받은 음식에 문제가 있다면 다음에는 절대로 그 가게를 이용하지 않는 것이다.

그러므로 투잡으로 배달창업을 염두에 두고 있다면 이런 사항들을 고려해보길 바란다. 저녁에 퇴근하고 나서 잠깐 가게를 지켜보면 되겠지, 아니면 다른 사업체를 운영하면서 투자목적으로 운영하면 되겠지라는 식으로 막연하게 시작하면 안 된다. 생계수단으로 매진하는 분들과 경쟁해서 이겨야만 살아남을 수 있기 때문이다. 창업에 실패하는 데는 다 이유가 있다.

고령자 창업

배달형매장에 하루만 근무해보면 컴퓨터나 노트북 그리고 POS프로그램, 배달앱 회사 프로그램 관리, 고객주소 영수증관리 등 생각보다 디지털적으로 신경 써야 하는 것들이 산적해 있다. 안타깝지만 연세가 높은 분들은 영수증에서부터 문제가 발생된다. 홀매장은 그냥 POS에서 크게 찍혀 나오는 메뉴만 조리를 하면 된다. 하지만 배달형매장의 경우 메뉴 정보 이외에 고객주소를 포함해 많은 정보가 기재돼 있어서 주문이 들어올 때마다 영수증 내 정보를 컴퓨터 상에서도 확인해야 한다. 그런데 어느 정도 연세가 있는 분들은 시력이 좋지 않은 경우가 많아서 이 과정을 반복적으로 수행하다 보면 금세 지치게 마련이다.

하지만 이것은 시작에 불과하다. 막상 배달창업을 시작하면 정말 해야 할 일이 산더미처럼 많다. 각 배달업체마다 등록해야 하는 메뉴 사진과 가격, 사용법, 고객센터와의 연결, 배달대행업체와의 미팅 등 생각처럼 바로바로 되는 것이 하나도 없다. 뿐만 아니라 프로그램마다 사용법도 배워야 하니 이러한 것들에 적응하기까지 여간 어려운 게 아니다.

배달의민족 플랫폼 하나만 봐도 업체 등록하고, 사진 업데이트하고, 메뉴 설명하고, 리뷰 이벤트 만들고, 가게 정보 입력 등 플랫폼 꾸미기도 벅차다. 거기에 요기요, 쿠팡이츠, 각종 지자체에서 만든 어플리케이션까지 전부 신경을 써야 한다. 결국 귀찮고 어렵다는 이유로 배달의민족 하나만 운영하는 분들도 있다.

배달기사들도 인격적으로 잘 대해줘야 한다. 그들이 배달을 가지만

배달기사가 조금이라도 더 신경 써 음식을 가져다주면 가게의 평점이 좋아진다.

배달기사들의 고객이 아니라 내 고객이다. 배달기사가 잘못하면 그 여파는 내 가게로 온다. 배달기사가 고객에게 조금이라도 더 신경 써 음식을 가져다준다면 내 가게의 평점이 좋아진다. 그러나 간혹 연세가 있는 창업자 중에는 배달기사를 아랫사람 대하듯 하는 경우가 있다. 그러면 점점 그 가게의 콜을 받아주지 않거나 고객에게 불친절하게 음식이 전달된다. 절대 그러지 않도록 이 점에 유의해야 한다.

홀매장 운영 경험이 있는 자영업자

홀매장 운영 경험자는 배달창업 시 두 부류로 나뉜다. 신규로 배달형매장을 오픈하거나 기존 매장에 샵인샵을 추가하는 경우다.

코로나 팬데믹으로 급격히 비대면 사회가 도래되었다. 그로 인해 기존 오프라인 매장을 운영하는 자영업자들은 이러지도 저러지도 못하는 상황이 되어버렸다. 발 빠른 분들은 새롭게 배달형매장을 오픈해서 일찍 자리 잡고 거기에서 나오는 수익으로 기존 홀매장의 적자를 보완하고 있다. 그리고 적자에 못 이겨 위기감으로 샵인샵 배달이라도 시작해서 월세라도 조금 보태고자 하는 분들도 많다. 하지만 주변 몇몇 사람들의 이야기만 듣고 아무런 공부와 준비도 없이 위기감만으로 무턱대고 샵인샵 창업을 하려는 분들은 배달창업으로 좋은 결과를 만들어낼 확률이 그리 높지 않다.

여러 가지 이유가 있겠지만 배달형매장은 매출의 유리천장이 존재해 수익률에 한계가 있다. 인건비 등의 고정비가 과다하지 않은 셀프 시스템을 잘 갖춘 홀매장과 배달전문형 매장이 같은 매출이라고 가정하면 배달형매장의 고정비가 훨씬 더 크다. 배달어플 회사와 배달대행 업체만 돈 벌어간다는 말이 왜 나왔겠는가? 안타깝지만 어떤 경우에는 그것이 사실이다. 자영업 경험이 있는 분들이 배달형매장을 몇 달 운영해보고, 매출이 생각했던 것만큼 빨리 오르지 않을 뿐만 아니라 남는 게 없다고 생각해서 쉽게 포기를 하는 경우가 부지기수다. 그것은 손익분기점이 다르다는 걸 모르기 때문이다.

배달형매장은 가시적인 매장과 형태가 없어 홀매장과 다르게 소위

배달장사는 고객에게 감동을 주는 노력과 시간 투자, 기다림에 대한 끈기가 필요하다.

말하는 '오픈빨'이 없고 '찜' 수와 리뷰 등 평가가 쌓이지 않는 한 매출은 쉽게 올라오지 않는다. 최소한 3개월이라는 시간을 두고 좋은 서비스로 꾸준하게 관리해주어야만 조금씩 매출이 올라오기 시작한다. 기존 홀매장에 배달을 추가할 경우 배달창업을 단순히 샵인샵 아이템 추가가 아닌, 또 다른 인터넷(플랫폼) 판매업을 하나 더 한다는 개념으로 운영해야 한다. 그러지 않고 아이템 하나만 추가해 배달앱에 등록해놓고 배달 플랫폼에서만 적용되는 광고 방법에 대한 이해 없이 감나무에서 감 떨어지길 바라는 마음으로 주문이 들어오길 바란다면 정말 큰 오산이다. 배달에 관한 공부는 필수이다. 좀 더 고객에게 감동을 주는 방법에 대한 노력과 시간 투자, 기다림에 대한 끈기가 반드시 필요하다.

자, 이제 반대로 배달창업에 유리한 분들을 소개해보겠다.

배달 프랜차이즈로 처음 창업에 도전하는 초보창업자

경험이 없는 초보창업자의 경우 개인매장으로 창업을 해서 성공할 수 있는 확률은 매우 적다. 고객이 확보되지 않은 상태에서 홍보와 매장의 입지를 다지기 어렵고, 다양한 고객의 성향에 맞춰 누구에게나 맛있다고 평가받는 음식을 만들어야 하는 난제에 부딪히기 때문이다. 그래서 프랜차이즈업체를 찾아 창업하는 것이 훨씬 더 유리하다. 경영 마인드가 확실한 본사를 만나고 본인 스스로 열심히 하려는 의지가 있다면, 기존 자영업자보다 훨씬 유리한 위치에서 장사를 시작할 수 있다.

초보창업자는 가게 운영에서 백지상태이기 때문에 본사의 노하우와 시스템을 믿고 따른다. 홀판매와 배달판매는 모두 '음식을 판매한다'는 목적은 동일하지만 고객에게 선택되어지는 과정과 어필하는 방식은 전혀 다르다. 초보창업자는 선입견 없이 두 가지 판매 개념을 금방 습득하고 어려움 없이 실행한다는 장점이 있지만 프랜차이즈 창업의 경우 가맹비나 홍보 마케팅비를 생각하지 않을 수 없다. 초기비용이 개인 가게 창업보다 더 많이 들어서 부담이 그만큼 크기 때문이다. 그러므로 당장 매출이 나오지 않더라도 하루 몇 건씩 늘어가는 주문에 감사하고 더 열심히 노력하려는 각오를 다져야 한다. "하늘은 스스로 돕는 자를 돕는다."라는 말처럼 열심히 하는 사람을 이길 자는 없다.

여성 창업자

배달은 고객을 직접 대면하지 않기 때문에 사실 더 꼼꼼하게 관리해야 한다. 하나하나 챙겨야 하는 것들이 생각보다 꽤 많다. 스티커, 각종 메시지, 댓글도 아기자기하고 상냥해야 훨씬 유리하다.

예시 1. 주문 감사합니다. 맛있게 드세요.

예시 2. 음식은 식지 않으셨나요? 맛있게 드셨기를 바래용~ㅎ 다음에 다시 찾아 주실꺼죵~ 우리 고객 오늘도 좋은 하루되세욧~!^^

고객 입장이라면 1번과 같은 형식적인 문구보다는 정성과 따뜻함이 담긴 2번 글이 좋아할 것이다. 리뷰에 달린 댓글을 고객이 읽을 때 기분이 좋아지는 내용이면 반응은 더 좋다. 고객이 대우받는다는 느낌을 받도록 써주어야 호감도가 높아진다. 물론 댓글의 말투와 어감이 남자와 여자의 차이에서 오는 것은 아니다. 배달업에 종사하는 자영업자 중에 여성 창업자가 더 잘 관리하는 것은 사실이다. 바꿔 말하면 남성 창업자라도 성격이 꼼꼼하고, 작고 세세한 부분까지 잘 챙기는 분들이라면 배달창업에 유리하다는 것이다.

지금까지 배달창업에서 성공률이 높은 사람과 낮은 사람으로 분리해 설명해보았다. 하지만 이는 확률상 그렇다는 의미이지 딱 정해진 공식이나 모범답안이 아니다. 개인의 불리한 점을 고려해 더욱 영업에 매진하고 고객에게 정성을 다한다면 반드시 성공할 것이다. 이는 어느 업종이나 마찬가지다.

Chapter 07

카테고리별 배달 아이템 정리

배달의민족, 요기요, 쿠팡이츠, 배달특급 등 새로운 배달앱이 계속해서 생겨나고 있다. 하지만 여전히 선두 업체는 배달의민족이다. 앞으로도 이변이 없는 한 배달 플랫폼에 크게 변화는 없을 것 같다. 그래서 [사진 7-1]과 같은 배달 플랫폼 내 카테고리도 배달의민족 기준으로 소개하면 다른 앱 사용에도 큰 차이가 없다.

한 식

국밥, 냉면, 삼겹살, 삼계탕, 낙곱새, 김치찌개, 순대국, 닭도리탕, 해장국, 쭈꾸미, 보리밥, 덮밥, 부대찌개, 칼국수, 추어탕, 죽, 닭갈비, 황태

[사진 7-1] 배달 플랫폼 내의 카테고리(배달의민족)

해장국, 샤브샤브, 콩나물 국밥, 육계장, 보쌈, 간장게장, 짜글이, 베트남 쌀국수, 육회, 제육볶음, 찜닭, 두루치기, 김밥, 김치찜, 곱창, 생선구이, 카레, 명태조림, 코다리조림, 갈비찜 등

위의 한식 종류는 치킨과 함께 가장 치열한 경쟁이 동반되는 카테고리다. 경쟁이 치열하다는 것은 그만큼 고객이 선호한다는 의미이다.

앞으로는 1인 가구 증가와 배달음식 일상화 등으로 더 많은 수요가 생겨날 것으로 예측된다. 한국인의 주식은 변함없이 밥이기 때문이다. 초창기 배달앱이 생겨날 때만 해도 김치찌개 같은 가정식을 배달시켜 먹겠냐는 비관적인 여론이 대부분이었다. 그러나 지금은 어떤가? 주

한식은 앞으로도 성장 가능성이 매우 큰 배달음식이다.

변을 보면 한 달에 20회 이상 배달을 시켜 먹는 3인, 4인 가족들이 적지 않다. 그들 얘기에 따르면 마트에서 장을 봐서 음식을 만들어 먹고 남아서 낭비하는 것보다 오히려 배달로 그때그때 먹고 싶은 거 먹고 치우는 편이 훨씬 더 경제적이라고 입을 모은다. 그러니 주식인 한식은 앞으로도 성장 가능성이 매우 큰 배달음식이라고 생각한다.

분 식

떡볶이, 냉면, 김밥, 닭꼬치, 어묵, 만두, 쫄볶이, 라볶이, 순대 등

한식 카테고리와 비교해보면 경쟁이 되지 않을 만큼 가짓수가 적다. 하지만 분식 카테고리를 한 마디로 정의하면 '떡볶이 프랜차이즈의 전

쟁터'라는 표현이 딱 어울린다. 떡볶이는 이제 하굣길에 먹던 3,000원짜리 떡볶이가 아니다. 배달 떡볶이의 경우 단품이 12,000원에 판매된다. 여기에 세트 메뉴라고 하면 20,000원이 넘어가는 경우도 많다. 또 요즘 유행하는 곱창떡볶이의 경우 25,000원 이상에 판매된다.

떡볶이의 조리도 예전처럼 커다란 판에서 계속 끓이며 파는 방식이 아니다. 대부분 프랜차이즈업체이므로 본사에서 납품해주는 파우더 형태의 소스에 떡과 기타 재료들만 넣어 주문이 들어올 때 조리한다. 따라서 손이 많이 가지 않고 점주 1인이 운영하기에 비교적 쉽다.

떡볶이는 낮은 조리 강도 대비 높은 객단가 덕분에 점주 혼자서 일 매출 100만 원 정도까지 무리 없이 해낼 수 있는 아이템이 되었다. 분식 카테고리에 들어가 입점된 업소의 종류를 보면 '분식'이 아닌 '떡볶

떡볶이는 낮은 조리 강도 대비 객단가가 높은 아이템이다.

이 카테고리'라고 봐도 과언이 아닐 만큼 수많은 떡볶이 업체들이 경쟁하고 있다. 김밥과 닭꼬치 같은 경우 조리과정 내내 사람의 손을 계속 태워야 하면서도 낮은 객단가와 한정된 주문 시간(김밥-식사 때, 닭꼬치-저녁부터 늦은 밤까지) 때문에 배달판매로 큰 매출을 올리기에는 한계가 있다. 그래서 단일품목으로 경쟁하기보다는 객단가가 크면서도 끓여주거나 튀겨주는 등 손이 많이 가지 않는 아이템과 병행하여 판매하기를 권장한다. 분식 카테고리에 해당하는 아이템으로 프랜차이즈 창업을 준비하는 분들은 메뉴만 넣어주고 관리가 없는 물류팔이식 본사가 아닌, 오픈 이후에도 지속적으로 노력하고 발전하는 프랜차이즈 본사를 잘 선별해야 한다.

카페, 디저트

커피, 밀크티, 샐러드, 샌드위치, 제과, 아이스크림, 빙수, 도너츠, 와플, 생과일주스, 군고구마, 요거트, 떡, 버블티 등

분식 카테고리와는 반대로 개인매장이 선전하고 있는 카테고리이다. 파리바게트 등 대형 프랜차이즈들도 입점해 있지만, 동네에 하나씩은 엎어지면 코 닿는 곳에 있는 경우가 많아서 의외로 배달비를 내가면서 시켜 먹는 고객이 드물다. 그래서 양과 질로 승부하는 개인 커피, 개인 제과점이 자신들만의 노하우로 지켜내는 맛이나 톡톡 튀는 아이디어로 승부를 보려고 한다. 배달비를 제외하면 객단가가 낮은 카테고리에 속해서 생각보다 수익이 나지 않을 수 있음에 유의해야 한다. 개인업체의 경우 원가를 치밀하게 계산하기 어렵다. 많이 팔았는데도 수익이 적게 느껴지는 원인이 여기에 있다. 단가 설정이 잘못된 경우이다. 단가를 높이면 매출이 줄어들까 봐 가격 인상을 결정하기도 쉽지 않다. 처음 시작 단계에서 철저한 계산이 필요하다. 객단가 높이는 방안과 원가율 대비 판매량, 매출을 잘 점검해야 한다. 개인 상호를 내건 업종이니만큼 고객에게 어필하는 전략이 있어야 살아남을 수 있다.

일 식

돈까스, 회, 생선회, 초밥, 육회, 냉면, 참치, 대게, 덮밥, 커리 등

이 카테고리에 입점해 있는 가게들 또한 일부 대형 프랜차이즈를 제외하고는 개인매장의 성향을 강하게 띤다. 개인이 운영하는 매장이 많은 이유는 식재료가 원팩[1]이나 HMR[2]화가 쉽지 않거나, 주요 재료가 생선, 정육, 해산물 등 신선도가 생명인 '생물'이 대부분이라 유통이 쉽지 않다. 조리과정 역시 일일이 사람의 손길을 필요로 하는 만큼 간

---

1 재료들을 팩 안에 한데 모아 포장해서 혼자서도 간단하고 쉽게 조리할 수 있도록 만든 상태를 말한다.

2 홈 밀 리플레이스먼트(Home Meal Replacement)의 머리글자로, 일종의 인스턴트식품(즉석식품)이다. 음식의 재료들을 손질한 후 어느 정도 조리가 된 상태에서 가공·포장되기 때문에 데우거나 끓이는 등의 단순한 조리 과정만 거치면 음식이 완성된다.

단하지 않다. 반대로 돈까스의 경우는 가성비 좋은 기성품을 시중에서 쉽게 구할 수 있고, 자신만의 레시피만 있으면 어렵지 않게 조리할 수 있을 만큼 난이도가 높은 메뉴가 아니어서 진입 장벽이 낮아 개인창업이 어렵지 않은 편이다. 카테고리에 입점된 업체들을 살펴보면 돈까스 브랜드 일부를 제외하고는 대부분 생소한 개인업체들이 많고 노하우와 경험, 실력을 갖춘 사장님들이 운영하는 매장의 비율이 다른 카테고리에 비해 높은 편이다.

치킨, 피자

치킨과 피자는 프랜차이즈업체가 아니고서는 고객의 선택을 받기 어려운 카테고리이다. 개인이 운영하면서도 인지도 있는 매장을 살펴보면 대부분 지역에서 좋은 서비스로서 오랜 기간 인지도를 쌓아 단골

치킨과 피자는 프랜차이즈업체가 아니고서는 고객의 선택을 받기 어려운 아이템이다.

층이 두텁게 형성된 맛집과 대외적으로 좋은 평가를 받은 유명 셰프가 직접 운영하거나 분점으로 오픈한 매장인 경우가 많다.

메뉴의 특장점으로는 낮은 재료원가율과 쉬운 조리과정이고 일부 수제 피자를 제외하고는 많은 부분 손이 가지 않아 인건비의 비중도 타 종목에 비해 낮은 편이다. 그래서 많은 나 홀로 초보창업자가 쉽게 진입하는 종목이기도 하다. 단점은 카테고리에 입점되어 있는 업소가 많고 메뉴 구성 등을 짜임새 있게 세팅하지 않으면 낮은 객단가에 치여 고생만 하고 수익이 적기 십상이니 꼼꼼히 준비하기를 바란다. 만약 치킨과 피자를 준비하는 초보창업자라면 위에서 언급한 떡볶이 종목과 마찬가지로 프랜차이즈업체를 알아보고 도움을 받아 창업하기를 권장한다.

아시아식, 양식

파스타, 스테이크, 쌀국수, 멕시칸, 인도, 태국 음식점 등

주문 누적 수로는 '파스타' 분야가 압도적이다. 홀형매장과 배달형 매장을 비교해보면, 생면을 사용하던 기존 홀판매 형태의 파스타 업체가 매출이 다소 저조한데 반해, 배달시장에서는 파스타 종목의 매출이 급속도록 늘고 있다. 이에 '필라프에 빠지다'와 같은 잘 나가는 파스타 브랜드들이 속속들이 등장하고 있다.

파스타도 언제나 편하게 접할 수 있는 일반식처럼 대중적인 음식이 되어 가고 있다.

반면 쌀국수나, 멕시칸, 인도, 태국 음식들의 배달판매율은 아직 저조한 편이다. 그 이유 중 하나는 마니아가 아니라면 식사를 하는 장소와 분위기도 중요하게 보는 경향이 있기 때문이다. 파스타는 배달 어플상의 판매량만 보더라도 언제나 편하게 접할 수 있는 일반식처럼 대중적인 음식이 되어 가고 있다는 것을 알 수 있다. 판매량이 높고 수익성이 좋은 배달 파스타 매장의 경우, 기존 홀매장에서 판매하는 평균적인 가격대보다 조금 더 저렴한 9,000~10,000원대에 판매하면서도 양은 1.2~1.5배까지 더 푸짐히 내주고 있어 고객들의 만족도가 높다. 하지만 배달판매 파스타 또한 객단가가 낮은 메뉴에 속하므로 메뉴 구성을 알차게 해야 한다. 주문 건수 대비 손익분기점이 높아 박리다매 형태로 부지런히 많이 팔아야만 순이익이 발생하니 이점 명심하고 꼼꼼히 준비하자.

중 식

짜장, 짬뽕, 마라탕, 양꼬치, 탕수육, 양장피 등

초보창업자에게는 접근성이 비교적 떨어지는 카테고리다. 중식의 경우 아무리 표준화가 잘되어 있더라도 불의 세기나 조리사의 숙련도에 따라 맛이 쉽게 변한다. 그래서 일반 창업자나 프랜차이즈 접근이 어렵다. 동네에 즐겨 찾던 중국집 한두 개쯤은 있기에 새로운 업체로 고객이 유입되는 경우도 적다. 그래서 처음 창업을 준비하는 사람에게 그리 매력적인 카테고리는 아니다. 하지만 최근 마라탕이나, 탕수육 전문점 같은 프랜차이즈업체들이 생겨나고 있다. 이런 비교적 표준화가 가능한 영역에서는 창업에 도전해볼만 하다.

족발, 보쌈

족발, 보쌈의 카테고리는 주로 야간에 판매가 일어난다. 따라서 운영시간을 길게 가지고 가는 것이 좋다. 최근 족발 프랜차이즈에서는 1인을 위한 세트 메뉴 구성이나, 국내산 족발을 박리다매로 2만 원 초반에 판매하며 소규모가정을 대상으로 경쟁을 치열하게 하고 있다. 중식과 마찬가지로 동네에서 오랫동안 자리 잡은 맛집은 각종 유명 프랜차이즈와의 경쟁에서도 좋은 결과를 내고 있다.

야 식

소곱창, 쭈꾸미, 닭발, 꼬치집, 맥주집, 전집, 송어, 육회, 오리바베큐, 돼지곱창, 아구찜, 등갈비찜, 찜닭, 삼겹살, 쪽갈비, 마라탕, 조개집, 홍어, 감자탕 등

야식 카테고리에 입점한 매장은 주문이 발생하는 시간대가 주로 저녁에서 새벽 시간에 집중된다. 그러므로 영업시간을 최소한 새벽 2시 30분 정도까지는 유지해주어야 한다. 밤 장사가 쉽지는 않지만 다른 업소보다 한두 시간 더 운영했을 때 가져오는 효과는 생각보다 크다. 오프라인 매장도 영업 종료 이후 일부러 간판 조명을 끄지 않고 퇴근하는 경우가 많은데 조명이 켜져 있는 시간만큼 매장의 존재를 주변에

야식은 최대한 운영시간을 길게 해서 야간 고객을 유치하는 전략을 유지하자.

인식시켜 주기 때문이다. 마찬가지로 배달앱 또한 야간에 경쟁 업소들이 영업을 종료하면 영업 중인 가게가 상대적으로 더 눈에 띄게 되고, 그렇게 한 건이라도 더 주문을 받으면 맛과 서비스가 만족스러웠을 경우 고객은 오후든 저녁이든 재주문을 한다. 이러한 특수성으로 인해 새벽 시간대를 집중적으로 공략하는 가게들도 있다. 야간에 근무하는 직업이 날로 늘어나는 요즘 더 많은 고정 고객층을 확보할 수 있고 24시간 중 상대적으로 경쟁이 치열하지 않은 시간대에 영업을 집중하고자 하는 것이다.

단, 배달대행을 전적으로 활용하는 매장은 배달기사의 운영 종료 시간에 영향을 받을 수밖에 없으므로 배달직원을 따로 두거나 직접 배달이 가능해야 한다. 새벽 집중형 매장, 혹은 24시간 풀타임 점포들과는 비교할 수 없지만 최대한 운영시간을 길게 해서 야간 고객을 유치하는 전략을 유지하자. 그만큼 틈새 고객을 확보하는 것이니 참고하길 바란다.

찜, 탕

닭볶음탕, 김치찜, 찜닭, 닭한마리, 부대찌개, 소갈비찜, 코다리찜, 아구찜, 낙곱새, 닭도리탕 등

찜탕 카테고리에 입점한 매장들은 우리나라 사람들에게 친숙한 음

식을 판매하는 경우가 대부분이다. 1인보다는 2~3인 이상의 고객이 주문하는 경우가 많아서 평균 판매 객단가가 비교적 높게 나오는 편에 속한다.

주요 식자재나 레시피의 표준화가 잘되어 있고 조리시스템 또한 단순하며 조리의 난이도 쉬운 편에 속한다. 초보창업자들의 진입 장벽이 낮아 지속적으로 창업하고 있는 카테고리다. 거의 모든 메뉴가 끓여주거나 일부 튀겨주는 식으로 마무리되므로 사람이 손으로 일일이 만들 필요가 없어서 인건비의 비중도 특별한 경우를 제외하고는 그리 크지 않다. 그만큼 프랜차이즈업체들의 경쟁 또한 갈수록 치열해지고 있고 이미 500호 점이 넘는 대형 프랜차이즈가 생겨난 카테고리다. 아직은 이렇다 할 만큼 대중들에게 사랑받고 있는 브랜드가 몇 개 되지 않아서 신규 창업자들도 충분히 시작해볼 만한 카테고리다.

패스트푸드

햄버거, 스테이크, 샐러드, 토스트, 샌드위치, 핫도그 등

맥도널드, 롯데리아, 맘스터치, 버거킹, 빕스, 써브웨이, 이삭토스트 등이 입점해 있다. 중소규모의 프랜차이즈는 경쟁이 쉽지 않은 상황이라 개인창업자들의 진입이 더욱 어려운 카테고리이다. 대형 프랜차이즈 가맹점을 창업하지 않는 이상 살아남기 어렵다.

채 식

샐러드, 두부, 파스타 등

건강식이라고 알려진 음식이 주로 입점해 있다. 간혹 샐러드를 함께 파는 파스타 업체들도 입점해 있다. 최근 B베타 버전을 마치고 생겨난 카테고리로 아직은 경쟁이 치열하지 않지만, 현대인들의 지속적인 건강추구 욕구로 인해 생성되었다. 그만큼 성장 가능성이 크다고 본다. 향후 개인창업자와 각종 프랜차이즈업체의 치열한 경쟁이 예상된다.

Chapter 08

배달앱 시장에 새로운 강자가 떴다

2020년 배달창업을 준비할 때 일목요연하게 배달시장을 이해를 시켜주는 책 한 권이 우리나라에 없었다. 여러 서점을 돌아다니고 인터넷을 뒤져도 발견할 수 없었다. 시장 규모는 커지는 것이 눈에 보이는데 아직 그에 관련된 현상이나 시장의 구조, 시장의 요구사항을 짚어낸 책이 없다는 사실은 놀라웠다. 이것이 이 책의 집필 동기이다.

배달시장에서 창업하려는 사람을 돕고자 작정하고 글을 쓴 지 벌써 1년이 지났다. 그 사이 더 많은 것들이 바뀌었다. 어떤 전문가는 앞으로 코로나 이후에도 절대 배달시장은 줄어들지 않는다고 예측하고 오히려 소비자에게 깊숙이 자리 잡는다고 말한다. 또 다른 사람은 코로나가 지나면 많은 배달형매장이 경영난에 빠질 거라고 말한다. 무엇이 맞는지는 아무도 모른다. 그러나 분명한 점은 시장 상황이 어떻게 변하든 꾸준히 연구하고 끊임없이 변화하는 사람은 반드시 성공한다는 사실이다.

쿠팡이츠는 이커머스 기업 쿠팡에서 만든 음식배달서비스다. 쿠팡은 미국 지분 100%를 가진 '쿠팡LLC'라는 본사가 있다. 쿠팡의 큰 특징은 매년 엄청난 적자를 감수하고 있다는 사실이다. 2010년 창사 이래 단 한 번도 이익을 낸 적이 없었지만 [도표 8-1]에서 보는 것처럼 2021년 드디어 흑자를 예상하고 있다. 쿠팡의 롤모델로 거론되는 '아마존닷컴' 역시 수년간 적자를 보았는데 현재 안정적인 흑자경영 중이다. 2021년 뉴욕증권거래소NYSE 상장한 쿠팡의 기업가치는 약 33조 원으로 추산되고 향후 더 많은 자금력이 확보될 것으로 전망된다. 더불어 쿠팡이 설립한 음식 배달앱 쿠팡이츠 또한 향후 기대치가 더욱 높아질 것이다.

2021년 쿠팡이츠가 배달의민족과 요기요의 시장점유율을 그처럼 빨리 따라잡을 줄 아무도 예상하지 못했다. 쿠팡의 최대 장점은 빠른 배달에 있다. 나 또한 익숙한 배달의민족에서만 꾸준히 주문했는데 2021년이 되어서는 '쿠팡이츠'에서 배달시킨다. 당연히 주문 전 배달의민족과 쿠팡에서 동일한 가게의 메뉴 가격을 비교해본다.

"메뉴 가격은 동일하다."

"배달의민족은 1시간이 걸려서 왔는데, 쿠팡이츠는 보통 30분이면 배달된다."

이제 배달의민족만 고집할 이유가 없어져 버렸다. 아니나 다를까 강남, 신림 등 대한민국에서 가장 뜨거운 배달상권에서 쿠팡 매출이 배달의민족 매출을 앞지른다는 이야기들이 들려온다. 실제로 신림 직영점의 경우 불과 몇 달 만에 배달의민족보다 쿠팡이츠 매출이 높은 날들이 계속 증가하고 있었다. 이에 쿠팡이츠는 2021년 전국 대부분 지역으로 서비스 확대를 준비하고 있다.

현재 쿠팡이츠는 전국에서 영업사원들이 [사진 8-2]와 같이 입점 신청을 받고 있다. 하지만 배달의민족과 요기요처럼 적극적으로 가맹점 모집을 하지 않을지 모른다. 그러니 적어도 이 책을 보고 있는 업주라

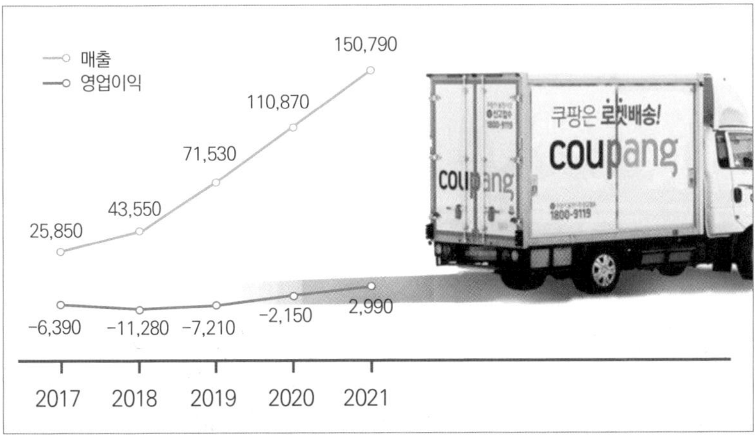

[도표 8-1] 쿠팡의 연간 실적 추이(단위, 억 원)

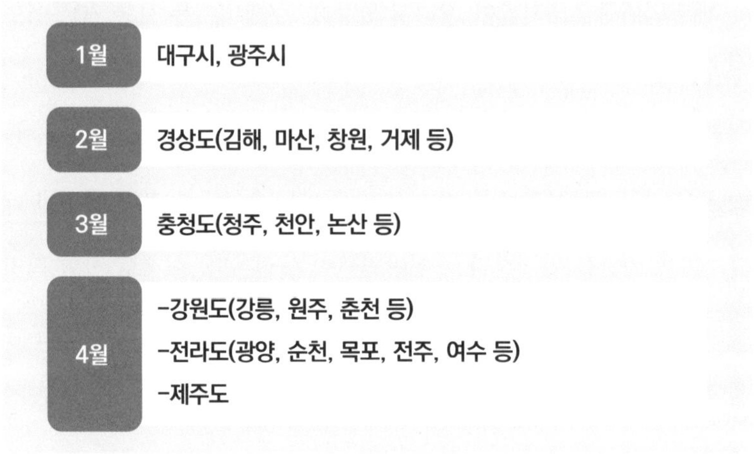

쿠팡이츠에서 전국으로 확대 중인 서비스 오픈 지역

면 지금이라도 빨리 가맹신청을 하자. 빠른 배송은 분명히 차별화된 전략이다. 음식을 주문한 소비자는 오랜 시간을 기다리고 싶어 하지 않는다.

빠른 배달과 저렴한 배달료를 원하는 소비자의 요구에 따라 배달시장의 흐름이 변하고 있다. 이런 시장 변화를 맨 앞에서 이끄는 시스템이 바로 '쿠팡이츠'의 '치타배달'이다.

쿠팡이츠 입점 신청 광고

치타배달은 업주 운영 상황에 따라 레벨 1부터 3까지 부여받을 수 있다. 레벨 3을 받게 되면 4km 내에서는 배달료가 5,000원으로 고정된다. 배달대행을 이용할 경우 6,500원 이상인 배달비가 1,500원 낮아지는 것이다. 원가 절감 차원에서 최대한 레벨을 올려 3을 유지해야 하는 이유가 된다. 반경이 아무리 넓어져도 배달팁은 동일하다. 이에 쿠팡이츠의 기본 정책과 잘 맞는 점포는 지속적으로 매출이 올라갈 수밖에 없다.

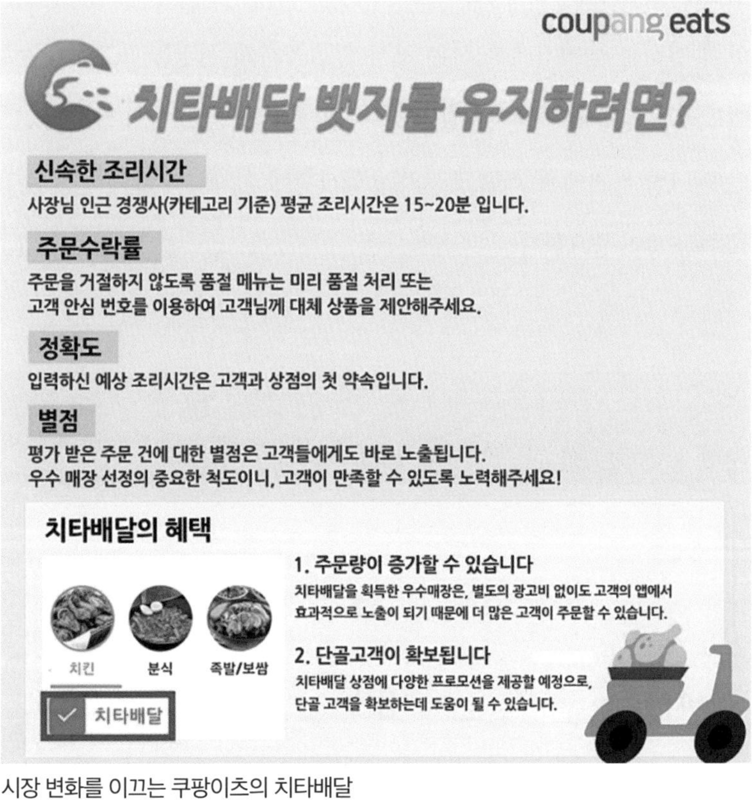

시장 변화를 이끄는 쿠팡이츠의 치타배달

기본적으로 레벨을 올리는 방법은 다른 배달업체와 비슷하다. 하지만 구체적으로 어떤 방식이 적용되어 레벨을 올릴 수 있는지는 추측만 가능하다. 배달업체는 입주 업주 간 갈등의 여지를 줄 수 있으므로 정책상 레벨 적용방식을 세세하게 공개하지 않는다.

고객 별점

배달의민족처럼 쿠팡 또한 고객 별점 관리가 중요하다. 이제 배달음식점도 맛은 필수이자 기본이다. 더 나아가 서비스가 중요하기 때문에 고객 별점을 높이기 위해서는 포장에 꼼꼼하게 신경을 쓰고, 실수로 빠뜨리는 상품이 없는지(특히 음료수, 일회용품) 꼼꼼해 챙겨야 한다. 뿐만 아니라 거기에 추가로 고객의 요청사항에 하나하나 표시하며 응대해주는 것이 중요하다.

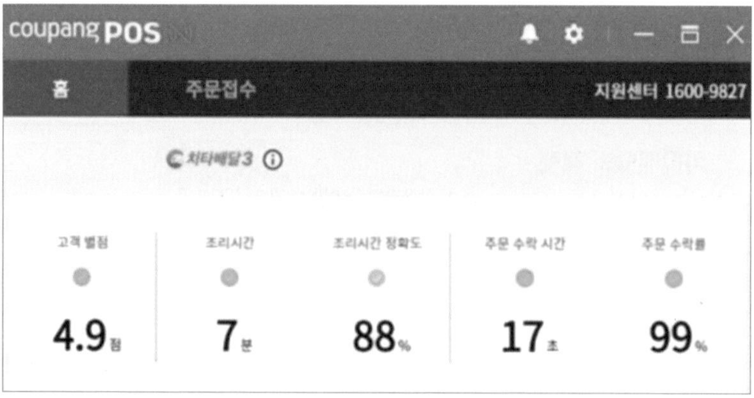

치타배달은 업주 운영 상황에 따라 1부터 3까지 레벨을 부여받는다.

조리 시간

레벨 3을 받기 위해서는 대부분 30~40분 안으로 음식이 도착해야 한다. 그렇게 되기 위해서는 5분 안에 조리가 완료되어 7~8분 안에 포장까지 완료되어야 유리하다. 반대로 조리 시간이 긴 제품을 판매할 경우 좋은 레벨을 받기 점점 힘들어진다. 결론적으로 조리 시간이 짧을수록 고객에게 더 많이 노출된다.

조리 시간 정확도

처음 쿠팡 직원과 상담할 때 들었던 이야기지만 무조건 조리 시간을 빠르게 한다고 좋은 것만은 아니다. 빠르고 느린 것보다 조리 시간 안에 정확하게 음식이 나오는 것이 레벨을 올리는 데 도움이 되는 것으로 판단하고 있다.

주문 수락 시간

수락 시간을 빨리하면, 보다 많은 고객에게 노출되고 취소 건수가 줄어든다. 15~17초 이내가 적당하다. 지금의 쿠팡이츠의 시스템에서 경쟁력 있는 가게를 정리하면 다음과 같다.

- 조리가 5분, 포장까지 7분 안에 이루어지는 가게
- 객단가가 높아서 수수료를 주고도 마진이 생기는 가게
- 지금보다 2~3,000원 가격을 올려도 고객의 선택을 받을 수 있는 가게

이런 가게들이 지속적으로 상위 노출이 되고 매출 또한 우상향을 그릴 것으로 예측된다. 아직은 서울을 제외한 지역에서 좋은 결과를 만들어내지 못하고 있지만, 결국 소비자들이 쿠폰이든 마케팅 활동을 통해 쿠팡을 이용하게 된다면 거기에 맞춰 준비된 가게들은 흥하게 된다. 준비가 부족하면 순위에서 밀리거나 매출에 고전을 겪게 될 것이다.

Chapter 09

공유주방 시스템의 모든 것

뉴스나 언론에서 소개된 '공유주방'은 이제 낯선 단어가 아니다. 그러나 창업을 준비하는 사람에게 공유주방을 아느냐 물으면 정확하게 답하기를 망설인다. 그 시스템이 무엇인지 대충 알지만 확실하게는 모른다고 한다. 여럿이 함께 쓰는 주방의 개념쯤으로 얼추 이해하는 것이다. 이는 맞기도 하고 틀리기도 하다. 그럼, 여기서 공유주방을 구체적으로 알아보자.

공유주방의 개념

- 허가받은 업체가 장소를 임대하여 임의로 나누어 사용하는 주방
- 각자 자기 음식을 조리하여 배달

공유주방의 장점

- 상가 단독 임대보다 초기비용이 적게 든다.
- 개인이 따로 상권분석을 할 필요가 없다.
- 보증금 외 별도 비용이 적어 투자 원금 회수가 빠르다.
- 각종 화재, 방역, 통신비 비용 등 별도 관리가 필요 없다.

공유주방의 단점

- 일반 상가에 비해 월세가 높다.
- 실제 사용공간이 적고 제한적이라 일정 규모 이상 발전이 어렵다.
- 다수의 업체와 공동으로 사용하다 보니 초기 주문이 들어오지 않으면 기존 업체들과 비교하며 정신적 스트레스를 받는다. 오히려 사업을 빠르게 포기해버릴 수도 있다.
- 보증금이 있고, 거기에 따른 계약 기간이 존재한다(보증금 손실 우려).

공유주방 기본진행 절차 5단계

- 지점 방문 미팅
- 계약서 작성 및 계약금 입금
- 위생교육 수료 및 보건증 발급
- 영업신고증 및 사업자등록증 발급(2일 소요)
- 배달 3사 및 배달대행업체 계약(10~15일 소요)

• 운영 시작 일자 확정 및 서류제출(1일 소요)

• 영업 시작

공유주방 업체 선정 시 고려해야 할 사항

• **상권분석** : 공유주방을 유치하는 업체에서 상권과 입지를 분석한다. 오토바이 접근성까지 고려하기에 공유주방을 직접 차리는 것이 아니라면 상권이나 인구수 분석보다는 입점되어 있는 업체의 매출 분석을 통해 향후 목표 매출을 설정해보는 것이 더 바람직하다.

• **렌탈프리 프로모션** : 대부분 공유주방 업체는 2개월 임대료 면제, 50% 감면, 50만 원 감면 등 프로모션을 진행한다. 업체마다 분기별, 매월 달라지는 조건이므로 꼼꼼히 비교해야 한다.

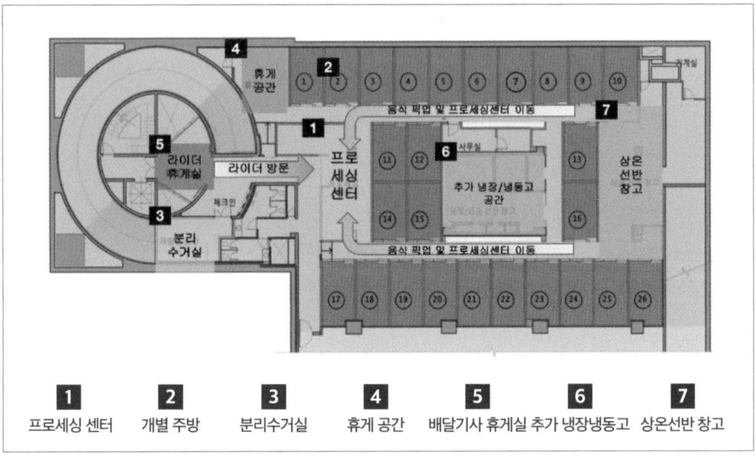

최적의 동선으로 효율적인 인프라를 구현한다

- **주방집기 제공 여부** : 주방시설이 아닌 집기도 최대 얼마만큼 지원되는지 확인하자.
- 주방의 청소 상태 및 시설관리 점검
- 배달기사 대응 시스템
- 쓰레기 처리 방법
- 사업상황의 실질적인 분석과 도움을 줄 수 있는 매니저 및 시스템 가동 여부

앞에서도 언급했듯 공유주방에 입점하는 창업은 리스크가 적다. 다음과 같은 경우라면 공유주방 창업을 권한다.

- 다소 경험이 부족한 초보창업자(리스크 최소화)
- 아이템에 확신은 있으나 창업비용이 부족한 경우
- 아이템 혹은 브랜드에 확신이 없어 초기 테스트가 필요한 경우

현재 수십여 개의 공유주방 업체가 입점을 희망하는 창업자와 브랜드를 모집하고 있다. 모두 입점하려는 창업자에게 유리한 조건을 제시하는 것 같지만 그들도 공유주방업을 통해 수익을 내려는 사업체일 뿐이다. 무조건 창업자의 편이 아니라는 점을 염두에 두고 접근해야 한다.

PART 02

적은 투자로 큰 수익을 노려라

식당창업을 준비할 때 처음 부딪히는 난제는 자본금이다. 시설비와 준비자금, 임대료에 여유자금까지 합하면 만만치 않은 돈이 들어간다. 특히 고객이 앉아서 음식을 먹을 수 있는 일정 규모 이상의 공간을 확보하려 할 때는 임대료는 부담이 되지 않을 수 없다. 작은 배달식당은 그 걱정을 덜어준다. 주방 외 필요 공간이 적고 지하나 핵심 상권에서 골목으로 들어가도 된다. 그러기에 영업하기에 따라 적은 자본금으로 크게 수익을 낼 수 있다. 배달전문음식점의 매출과 수익의 잠재력은 무한대다.

Chapter 01

인내의 방패와 정성의 창을 준비하라

먼저 배달음식점 창업을 준비하는 분들이라면 최소 4,000만 원 이상의 비용은 있어야 한다. 월세나 보증금 등 고정비가 저렴하거나 양수받는 매장의 시설이 내가 하고자 하는 메뉴와 딱 들어맞게 시설이 갖춰져 있는 경우, 혹은 1인 운영으로 추가적인 인건비가 필요 없는 경우에는 초기 창업비용이 줄어들 수 있다. 하지만 배달형매장 특성상 오픈 첫 달부터 수익이 발생하기 어렵다. 최소 2~3개월 가게를 운영하는데 필요한 여유자금까지 고려한다면 창업비용을 조금 넉넉히 준비해야 한다.

배달전문 창업이라 해서 비용이 아주 저렴하지 않다. 그러므로 창업비용을 빨리 회수하고 수익을 내려면 그에 맞는 마음가짐과 실질적인 공부가 필요하다.

먼저, 배달음식점 매출은 한 번에 급등하지 않는다. 하루하루 매출이 올라가지만 우상향만 기록하지도 않고, 월별로 상승과 하락을 반복한다. 하지만 전반적으로 우상향 그래프를 그리며 상승한다.

따라서 고객이 드나드는 모습을 볼 수 있는 가게보다 사장의 정신력이 쉽게 무너지기도 한다. 열심히 한다고 해서 바로 결과로 이어지지 않고 궤도에 오르기까지 인내의 시간이 필요하다. 고객들을 직접 대면해 상대하는 홀매장보다 인내심과 집중력이 쉽게 무너질 수 있다. 때로는 날씨, 비수기, 사회적인 이슈에 따라 매출 등락의 폭이 크다. 그 과정을 겪으면서 계속해서 고객이 찜한 수나 긍정적인 고객 리뷰, 단골로 찾아 주는 고객이 늘어 자리를 잡아가는 것이 바로 배달형매장의 특징이다.

[창업 + 인내 = 성공]

이는 불변의 법칙이다. 모든 업종이 마찬가지겠지만 특히 배달전문점에 더욱 적용된다. 초반에 주목받고 잘되면 보이지 않는 실수가 생겨난다. 조리과정 미숙으로 음식의 질이나 맛이 떨어지면 곧바로 부정적인 리뷰가 달린다. 차라리 매출이 활성화될 때까지 시간이 조금 더 걸리더라도 하나하나 들어오는 주문에 최선을 다하고 능숙해지는 과

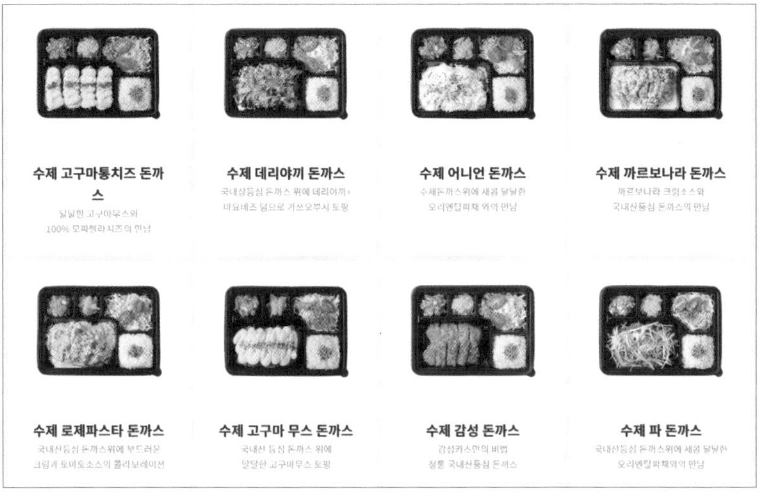

원하는 메뉴와 맛이 무엇인지 알기 위해서는 다른 경쟁업체와 비교해야 한다.

정에서 고객과 좋은 관계를 맺는 것이 더 중요하다.

최소한 3개월은 지지치 말고 꾸준하고 성실하게 매장을 돌봐야 한다.

한식 같은 일반식이 아닌 이상 오늘 주문했던 고객이 일주일 내에 재주문하는 경우는 드물다. 그러므로 고객이 다시 주문하게 되는 순간까지 인내심을 가져야 한다. 어느 정도의 시간은 필요하겠지만 첫인상이 좋았다면 또다시 주문 벨소리를 듣게 될 것이다.

배달음식점은 입점해 있는 위치에서 배달 반경에 거주하는 약 5~10만 명을 공략해야 하는 장사이다. 범위를 너무 넓혀 놓고 배달 문제로 스트레스를 받지 말자. 또한, 연령별 고객 층위나 영업 방향은 주변에 거주하는 사람들 대상으로 소비자 욕구와 만족도를 조사해야 한

[사진 1-1] 배달의민족 똑똑, 요기요 사장님 유튜브 채널

다. 그들이 원하는 메뉴와 맛이 무엇인지 알기 위해서는 다른 경쟁업체와 비교하는 것도 잊지 말자. 객관적으로 평가해서 장단점을 알고 맛은 물론이고 이벤트로 소비자 만족도를 높여야 한다. 그리하면 가성비를 넘어 갓심비를 만족시켜 매출로 이어진다.

[배달창업 = 인내 + 정성]

마음만큼 잘되지 않는 것이 사업이다. 잘되다가도 안 되고 안 되다가도 어느 순간 주문이 늘어나 쾌재를 부를 수 있다. 그러므로 배달창업을 고려하는 사람이라면 [사진 1-1]과 같은 배달의민족과 요기요에서 무료로 제공하는 영상들을 보고 미리 지식을 쌓아둘 필요가 있다. 이 채널들은 좋은 내용이 많이 포함되어 있음에도 불구하고 조회수는 그리 많지 않다. 장사를 잘하고 싶은 욕심은 있는데 공부는 게을리하는

[사진 1-2] 배민사장님 똑똑 동영상 컨텐츠

모습을 반증한다. 남들과 다르게 접근해보자. 이론이 현장에서 별로 쓸모없다고 여겨지더라도 알고 있다면 배경 지식으로 작용하여 다른 결과를 창출할 수 있다. 경험에서 나온 조언이므로 새겨듣기 바란다. 우선 창업에 목표를 두고 현실에 집중하고 미루면 안 된다. [사진 1-2]와 [사진 1-3]과 같은 동영상은 일부러 시간을 내서 보고 들어야 한다.

배달 플랫폼에 등록하고 음식 맛있게 만들어서 팔면 애쓰지 않아도 주문이 계속 들어온다고 착각하지 말자. 이런 막연한 정신으로 임하면

[사진 1-3] 요기요 사장님 동영상 컨텐츠

몇 달 후에는 막막해진다. 열정을 쏟자. 작심삼일이 아니라 매달려야 한다. 우리는 그만큼 절실하지 않은가?

단기간에 폭발적으로 성장한 배달창업시장은 양적인 규모에 비해 질적인 성장이 뒤따르지 못하고 있는 것이 사실이다. 주위 배달창업을 한 사람들에게 노하우가 있다면 무엇인지 물어보면 '친절하게, 열심히, 가성비 있게, 맛있게, 성실하게' 같은 추상적인 답변을 듣는다. 코로나 사태 이후 일어난 배달창업의 붐 속에서 일단 뛰어들고 보는 심리가 작용한 결과라고 생각한다. 하지만 위기는 곧 기회라고 하지 않던가? 이럴 때야말로 정신을 가다듬고 하나라도 더 배우고 흔들리지 않으려는 의식적인 노력이 필요하다.

창업과 영업에 관련된 영상을 찾아보며 펜과 공책을 이용해 중요한 내용을 메모하자. 운동선수들이 훈련일지를 쓰는 것처럼 그날 배운 창업자의 영업전략을 새기자. 한 번 보는 것이 백 번 듣는 것보다 낫고 한 번 적는 것이 백 번 보는 것보다 낫다.

Chapter 02

배달창업에 적합한 매장을 찾자

배달전문점 창업은 운영방식의 특성상 접근성을 고려하지 않아도 된다. 즉, 고객들이 찾아오는 장사가 아니므로 입지 조건의 제약이 없는 창업이다. 따라서 매장의 위치가 지하나 2층 혹은 언뜻 찾기 어려운 숨겨진 위치라고 해도 전혀 상관없다. 매장의 규모 또한 8평~20평이면 충분하므로 보증금, 권리금, 월세 등의 고정비가 저렴한 장소에서 시작할 수 있는 소자본 창업이기도 하다. [도표 2-1]에서 보는 것처

점포 크기 : 8평~20평 기준		
보증금	권리금	월세
500~2,000만 원	0~2,000만 원	50~120만 원

[도표 2-1] 배달전문점 창업 시 비용 정리

럼 통상적으로 보증금은 500만 원에서 2,000만 원 미만의 수준에서 정하고 월세는 상권에 따라 차이는 있겠지만 50만 원에서 120만 원 사이에서 구하는 게 일반적이다. 포장 판매도 병행할 경우 접근성으로 고려해야 하므로 이보다 조금 더 높아질 수 있다.

점포 구할 때 점검 사항

(1) 음식점 영업허가 여부

일부 매장은 상가 인허가 시 용도가 요식업으로 허가되지 않거나 정화조 용량 초과 또는 불법 증축물 등의 사유로 음식점 영업이 불가한 경우가 있다. 그때는 허가를 내기 위해 큰 비용이 발생될 수 있으므로 주의해야 한다. 상가 임대인도 간혹 요식업 입점이 처음이거나 상가 관리인이 위임을 받아 계약을 진행한다면 그 내용을 잘 모르는 경우가 있다. 이 경우 덜컥 임대차계약부터 먼저 하면 낭패를 본다. 물론 임대차계약서에 의거 계약금을 되돌려 받을 수도 있지만 불필요한 시간 낭비를 줄여야 하므로 사전에 체크가 중요하다.

(2) 전기

전기는 계약 전력 5kw 이상 되는 점포가 좋다. 만약 5kw 이하라면 주방기물·집기 및 냉난방기 사용 시 필요 전력에 미치지 못해 수시로 단전 현상이 발생되기 때문이다. 전기 승압 시 1kw당 한국전력공사(한

전)에 10만 원 선의 비용과 공사 업체에 시공비(인건비, 부자재)가 추가되니 작업 환경에 따라 100~200만 원의 시공비가 발생할 수 있다. 이처럼 생각지 않은 추가 비용이 발생될 수 있으니 부동산을 통했다면 공인중개사에게, 혹은 상가 임대인에게 문의하거나 직접 한전에 전화해서 점포를 계약하기 전에 미리 알아보도록 하자.

(3) 도시가스LNG

배달형매장은 소규모 창업이기에 요구하는 가스 용량이 크지 않지만 최소 필요 집기를 5구 간텍기(큰 화구 5개), 1구 튀김기(22L), 온수기 정도라고 가정해보면 '10등급'으로 준비하는 것이 좋다. 비록 시작하고자 하는 메뉴가 화구나 튀김기의 사용 비중에 적더라도 이 정도는 필수적으로 구비하기를 권장한다. 만약 화구로 끓이거나 튀김기로 튀겨내는 메뉴의 비중이 적다면 회, 초밥, 김밥처럼 결국 사람의 손을 태우는 음식일 확률이 높고 이것은 곧 인건비로 직결되기 때문이다.

화구나 튀김기는 한번 설치해놓으면 가스요금 외에 더는 추가되는 비용이 없고 음식을 만들 때에도 최초 불만 붙이고 나면 이후 사람 손이 가는 일이 거의 없다. 하지만 손으로 일일이 만들어내는 음식의 경우 조리하는 동안 사람 한 명이 내내 묶여 있어야 해서 전화 받기도 힘든 경우가 많다. 결국 매장이 바빠질수록 조리 기구의 의존도가 높은 메뉴를 추가할 수밖에 없는데 그것이 바로 가스가 넉넉히 준비돼 있어야 하는 이유이다. 만약 가스통을 교체하는 방식인 LPG 매장의 경우, 도시가스보다 사용 요금이 비싸지만 대규모 매장이 아닌 이상 크게 비싸지는 것이 아니므로 불가피할 경우 LPG를 사용해도 무방하다. 일부 매장은 입지상 도시가스 시공이 불가하거나 천만 원 이상의 큰 비용이 발생하기도 하니 이 또한 사전에 체크하자.

(4) 큰 도로

매장이 큰 도로에 가까울수록 유리하다. 일단 배달기사들이 큰 도로 쪽에 매장이 있으면 아무래도 빠르게 음식을 가지고(픽업) 갈 수 있다. 그로 인해 주문접수 신청(콜)을 잘 받고 그만큼 고객에게도 빠르게 음

매장은 큰 도로에 가까울수록 유리하다.

식이 전달된다. 하지만 요즘에는 배달기사 인프라가 발달하고 질적으로 성장하면서 지하나 2층 매장도 무난하게 픽업하기에 매장 고정비를 따져서 입점 가능하다.

(5) 주변 환경

주변에 오토바이 소음에 예민한 이웃들이 없는 곳이 더 좋다. 오픈해놓고 오토바이 소음 때문에 옆 가게나 주변 상인들과 마찰이 생겨서 영업에까지 방해가 된다면 좋을 게 없기 때문이다. 더불어 오토바이 주차까지 가능한 공간이 확보된다면 금상첨화다.

(6) 기존 시설 체크

아무것도 없는 빈 공실 상태라도 권리금이 없다면 어중간하게 세팅된 매장보다 좋다. 운영해본 이들은 알겠지만 배달형이든 홀형이든 일반적으로 아이템이 바뀌면 주방동선 전체를 자신의 메뉴 스타일에 맞게 다시 재조정해야 하는 경우가 생긴다. 그러나 입지 선정이나 고정비 조건이 아닌 시설 상태를 위주로 매장을 찾을 필요는 없다. 물론 매장 위치나 보증금, 월세 등의 조건뿐만 아니라 기존 시설도 내가 하고자 하는 동선과 일치하고 기물•집기도 깨끗하다면 금상첨화겠지만 이런 매장을 만날 확률은 매우 적다. 중요한 것은 초기비용보다는 입지와 월 고정비 조건을 먼저 판단해야 한다. 더불어 권리금을 주고 시설을 인수받는 것보다 약간의 비용이 더 발생하더라도 자신이 원하는 입지에서 자기 스타일에 맞는 주방을 세팅하는 것이 결국 이득이다.

(7) 닥트 펜(환풍기)

정신없이 매장을 오픈할 때는 몰랐지만 영업을 시작하고 나면 문득 들리는 윙~ 하는 닥트의 모터 소리 때문에 스트레스 받는 경우가 생긴다. 모터는 옥상에 설치(입상)하는 것이 가장 좋다. 다만 매장과 건물 옥상 사이의 거리에 비례해서 작업비용이 추가되기 때문에 배달 상가를 구할 때는 닥트와 관련된 내용은 임대인과 미리 체크해야 한다. 사업자등록과 인테리어까지 마치고 닥트를 설치할 경우, 막상 모터를 설치할 수 있는 위치가 나오지 않아 곤란한 상황을 만날 수 있기 때문이다.

배달매장 구하기(부동산)

배달창업이 급증하면서 월세가 저렴한 소규모 상가의 가치가 올라가는 추세이다. 반면 비싼 월세의 홀형매장은 부동산 가치가 떨어진 상황이다. 권리가치도 반토막 난 경우가 많고 계약이 종료되고 양도양수 없이 공실로 두고 나오는 경우도 많다. 배달형 소형 매장은 권리가 오르고 있다. 그만큼 좋은 상가 찾는 것도 쉽지 않다. 좋은 상가를 얻기 위해서는 발품을 많이 팔라는 말이 있다. 맞는 말이다. 언제 어떤 이유로 상가를 내놓을지는 아무도 모르므로 부지런 할수록 더 많은 정보를 얻게 된다. 빠른 시간 안에 상가 정보를 얻는 방법을 알아보자.

(1) 상가 조건을 분명히 하기

평수 : 8평 이상, 넓을수록 좋다.

임대조건 : 보증금 1,000만 원, 월세 70만 원 이내, 낮을수록 좋음. 상권, 시설에 따라 변동 가능

층수 : 1층이 가장 좋고, 상권의 중심이라면 2층이나 지하도 상관없음.

기타 : 기존 식당 자리 선호, 음식점이 가능하다면 공실도 가능

(2) 분명하게 어필하기

공인중개사들은 하루에도 많은 사람들을 만나고 상담하지만, 대부

배달창업이 급증하면서 월세가 저렴한 소규모 상가의 가치가 올라가는 추세이다.

분의 고객들이 이것저것 물어보기만 하고 진행 의지가 없거나 고민만 하다가 끝내 거래가 이뤄지지 않는 경우가 허다하다. 나아가 정작 본인이 어떤 매장을 원하는지도 모르는 경우도 많다. 따라서 공인중개사에게 분명하게 표현해야 성심껏 상가를 찾아봐준다. 더구나 소규모 매장은 전세환산금(월세×100+보증금)이 낮아 거래수수료(전세환산금의 0.4~0.9%, 상가는 보통 0.9% 적용)도 낮다. 어중간한 모습으로 알아보면 연락처만 적어놓고 가라는 말만 듣기 십상이다. 많이 남는 장사가 아니기 때문이다. 현재 나와 있는 좋은 상가를 빠르게 알아보려면 부동산 방문 시 다음 사항을 참조하자.

① 조건에 맞는 상가가 나오면 당장 계약하겠다고 하라.

② 좋은 조건일수록 매매수수료를 후하게 주겠다고 하라(최대 두 배). 의사를 분명히 전달하자. 작은 매장은 수수료가 낮아서 두 배라고 해도 20~50만 원 정도밖에 차이가 나지 않은 경우가 많다. 저렴하고 좋은 상권의 매장을 빨리만 구해준다면 전혀 아깝지 않은 금액이다.

③ 시간은 돈이다. 분명하게 이야기했다면 오래 머무르지 말고 즉시 다른 부동산으로 가라.

④ 위 내용을 반복하라. 발품이 곧 좋은 상가를 얻는 지름길임을 명심하자.

(3) 인터넷, 상가 매매 어플, 전화로 체크하기

네이버 부동산, 상가 중개 어플 '네모', 네이버 플레이스 등을 보고 부동산에 전화하기

점포 관련 기본 정보가 습득되었다면 직접 발로 확인하러 다니자. 네이버 부동산과 동네 공인중개사를 통해 여러 물건을 확인해야 한다. 자신의 눈을 의심하고 한눈에 드는 점포보다 여러 조건과 사항들을 비교하고 따져야 한다. 즉흥적으로 결정하면 뒤에 수습해야 하는 일이 부담스러울 수 있다.

네이버 부동산 사이트

Chapter 03

주문단가에 따라 전략을 바꿔라

직접 배달창업을 준비하는 분들이나 프랜차이즈와 창업을 시작하는 분들 그리고 샵인샵으로 배달 아이템을 추가하고자 하는 분들 모두 공통적으로 꼼꼼하게 체크해야 하는 것이 있다. 자신이 판매하고자 하는 메뉴의 구성을 고정비와 수익률을 고려해서 판매단가를 설정해야 한다는 것이다. 만약 누군가 시장에서 1,000원 가치의 물건을 990원에 판매하면 불티나게 팔리고 매출이 올라갈 것이다. 하지만 막상 재료대를 정산하고 나면 적자를 보게 될 것은 너무나 당연한 이치이다. 마찬가지로 메뉴가 맛있고 푸짐하다거나 다른 지점의 회전율에 비해 매출이 높다고 해서 내실을 보지 않고 섣부르게 시작했다가 기껏 힘들게 팔아놓고 결국 남는 게 없는 장사가 될 수 있다. 더불어 운영 면으로 보면 자신의 현재 시스템과 맞지 않아서 비용과 시간이 낭비되는 경우가 발생할 수 있으니, 다음 주문단가별 유의사항을 참고해서 내실 있는 창업이 되기를 바란다.

* 메뉴 구분법(1회 주문 시 평균 금액)

① 10,000원 ~ 17,000원대의 주문단가

② 17,000원 ~ 25,000원대의 주문단가

③ 25,000원 이상의 주문단가

위의 3가지 구분은 메뉴 가격이 아닌 고객이 1회 주문 시 발생하는 주문 금액의 평균, 다시 말해 '객단가'를 기준으로 한 것이다. 배달창업은 판매하는 메뉴의 객단가에 따라 운영하는 방식과 서비스의 디테일이 확연히 달라진다.

10,000~17,000원대 고객은 대부분 혼자 먹기 위해 주문하는 경우이기 때문에 음식의 맛은 기본이고 양과 리뷰 이벤트 등의 세심한 서비스에 따라 민감하게 반응하는 편이다. 비교적 낮은 단가이기에 구매 접근성은 좋겠지만 그만큼 회전율도 높아야 하므로 힘든 노동의 강도를 필요로 한다. 예를 들어 평균 객단가가 15,000원인 메뉴를 판매하는 매장이 90만 원의 일일 매출을 달성하기 위해서는 '주문 접수-배달

대행 호출–음식 조리–포장–음식 전달–설거지 및 정리'의 과정을 60번 반복해야 한다. 그런데 매장 운영이라는 것이 음식만 만드는 것만이 아니라 각각의 주문 건마다 고객 요청사항과 언제든지 발생할 수 있는 컴플레인 대응 등을 함께 신경 써야 하니 척하면 척할 수 있을 정도로 숙달되지 않고서는 꽤나 벅찬 작업량이다. 이것을 평균 판매 객단가가 25,000원인 메뉴와 비교해보면 위와 같은 과정을 36번만 반복하면 된다. 동일한 매출이라고 하더라도 필요로 하는 노동력은 1.6배가 줄어들고 이것은 곧 인건비와 배달대행료 등의 고정비 절감으로 이어지게 된다.

하지만 반대로 생각하면 대부분의 예비창업자들이 객단가가 낮은 메뉴를 판매할수록 더 수고스럽다는 사실을 직간접적으로 염두에 두

떡볶이와 치킨, 피자는 배달창업시장에서 가장 치열하게 경쟁 중인 종목이다.

고 있어서 시장의 흐름이 평균 객단가 20,000원 이상을 목표로 경쟁하게 된다. 비교적 경쟁이 덜한 경향이 있는 17,000원 이하의 시장에서는 박리다매 판매 전략으로 꾸준히 노력해서 단골층을 확보하고 지역 인지도가 쌓이면 경쟁업체들이 쉽게 진입하지 못한다. 만약 진입하더라도 이 가격대는 손익분기점이 높아 오래 버티기가 쉽지 않다. 하지만 자리가 잡힌 매장의 경우 꾸준하게 매출이 발생되는 장점이 있다.

해당 가격대의 종목으로는 혼자서도 편하게 선택할 수 있는 메뉴인 김치찌개, 냉면, 국밥, 도시락, 1인 삼겹살, 비빔밥, 마라탕, 죽집, 샐러드, 카페, 디저트 등의 아이템들이 있다. 대부분 7,500원에서 11,000원 사이의 객단가로 세트가 아닌 단품만 주문하는 경우가 많다. 빠른 회전율이 필요한 구간이므로 체력이 좋거나 젊은 창업자가 도전해보길 권장한다.

17,000~25,000원대의 고객은 2인 이상이 주문하는 경우가 대부분이다. 대표적인 메뉴로는 떡볶이와 치킨, 피자 등으로 현재 배달창업 시장에서 가장 치열하게 경쟁 중인 종목이다. 음식의 맛과 양도 중요하지만 포장까지 신경 써야 하는 구간이다. 고객들에게 조금이라도 더 큰 만족을 주기 위해 포장재 원가에만 1,000원 이상 투자하는 프랜차이즈들도 생겨나고 있다. TV 속 광고에서 볼 수 있는 프랜차이즈와 상

호만 말하면 누구나 알 만한 브랜드들도 대부분 이 가격대에서 경쟁한다. 특별한 노하우를 갖추지 않는 이상 확실한 인지도를 쌓기까지는 오랜 시간 꾸준한 노력이 필요하다.

떡볶이는 더 이상 간식이 아닌 요리라는 개념으로 접근해야 하는 메뉴이다. 예전 같으면 길거리에서 3,000원 정도의 가격으로도 푸짐히 먹을 수 있었던 떡볶이가 배달시장에서는 배달비까지 포함하여 15,000원 이상의 단가로 판매되고 있다. 예를 들어 소곱창떡볶이 돌풍을 일으키며 일 년이 채 안 된 기간에 130호점까지 출점한 '곱떡치떡'의 평균 판매 객단가는 25,000원에서 30,000원 사이이다. 떡볶이에 소곱창과 소대창, 막창 등 기본적으로 가격대가 높은 재료를 더함으로써 객단가를 높였다. 건당 마진을 높이면서도 평소에 흔히 접할

치킨과 피자 종목은 인기가 식지 않는 대표 국민 배달음식이다.

수 없는 구성과 일반 가정에서 직접 요리하기는 어려운 조합으로 떡볶이 종목의 틈새시장을 선점하고 있다.

치킨과 피자 종목도 인기가 식지 않는 대표 국민 배달음식이다. 판매가 대비 주방운영 강도가 세지 않고 조리 시간이 짧으면서도 식자재 원가율이 박한 메뉴가 아니다. 따라서 누구라도 아이디어만 있으면 여러 종류의 사이드 메뉴를 준비해서 다양한 세트 메뉴 구성으로 객단가를 높일 수 있다.

해당 가격대의 메뉴는 부부창업자나 체력적으로 젊은 층과의 경쟁이 부담스러운 중년층의 창업자에게 권한다. 특히 샵인샵 창업을 생각하는 분들이라면 이 가격대의 아이템을 적극적으로 추천하고 싶다. 샵인샵 창업은 발주 채널과 관리해야 할 식재료가 늘어나면서 기존보다 운영이 복잡해지는 상황을 고려해야 한다. 기존의 조리동선을 최대한 활용해야 하므로 되도록 조리 시간이 짧고 조리 강도가 낮으면서도 객단가는 높은 메뉴가 운영 면에서 유리하다. 회전율로 승부하는 아이템을 추가할 경우 늘어난 노동 강도로 인해 기존의 메뉴얼과 혼선이 생길 수 있다. 그뿐만 아니라 체력적으로도 더 빨리 지치게 돼서 안정적인 운영이 어려울 수 있으니 유의해야 한다.

아이템과 객단가를 꼼꼼히 선정해서 운영한다면 치킨과 피자, 떡볶이, 파스타, 삼겹살 정식, 찜닭, 닭발, 돈까스, 아구찜, 해물찜, 족발, 돼지곱창, 연어, 김치찜, 갈비찜, 베트남 음식점, 전집 등의 아이템도 홀 매장 못지않게 높은 수익을 창출할 수 있다. 경쟁이 치열한 만큼 인지도가 쌓이면 안정적인 운영이 보장된다.

25,000원 이상의 메뉴에는 족발·보쌈, 소곱창, 회 정도의 종목들로 객단가가 높은 만큼 조리 난이도 역시 높은 편이다. 족발 종목을 제외하면 대부분 조리 스킬이나 강도가 높은 메뉴라서 프랜차이즈 시스템화가 쉽지 않다. 또한, 단가가 높은 만큼 동네마다 유명한 맛집들이 자리를 잡고 있는 상황이라 경험이 적은 초보창업자와 샵인샵으로 아이템 추가를 생각하는 창업자에게는 적합하지 않은 메뉴군이다. 단가가 있는 메뉴만큼 맛에 대한 소비자 평가가 민감하다. 따라서 숙련된 노하우로 소스 등 여러 재료를 하나하나 준비해야 하고 첫 진입 후 인지도가 쌓이기까지 노력과 인내가 필요하다. 배달전문점보다는 홀형태의 매장에서 배달을 병행하는 식이 많고 1인 소자본 창업이 아닌 2인 이상의 운영 형태에 적합하다.

어느 정도 획일화된 시장이어서 자신만의 기발하고 독특한 서비스나 신선한 메뉴 조합 등 다양하게 시도를 해볼 여지는 있다. 간혹 보쌈과 해산물을 세트로 묶는 등 생각지 못한 다양한 구성으로 좋은 평가를 얻기도 한다.

Chapter 04

배달앱 관리는 필수다

배달앱 등 중계 플랫폼에 입점하고자 고객센터로 직접 가입을 문의하면 대부분 형식적인 절차에 대한 설명만 해준다. 이후로는 세부적인 내용을 알기가 어려운데 전화 상담의 어쩔 수 없는 한계이다. 유의해야 할 점은 고객센터를 통해 직접 가입을 하면 이후 매니저 선정이 불가하므로 운영하는 내내 고객센터를 통해 일일이 관리해줘야 하는 어려움이 발생한다.

이에 대한 대안으로 각 배달 플랫폼 업체들은 직접적인 서비스를 제공하기 위해 외주 협력 관계를 맺은 '매니저'를 지역마다 활동하게 한다. 그러므로 최초 가입 시에는 고객센터를 통해 직접 진행하는 것보다, 인근에서 배달장사를 하는 분들을 통해 지역 매니저를 소개받아 입점 진행을 맡기는 것이 플랫폼 관리에 편리하다.

하지만 전체적인 가이드라인은 배달업체 본사에서 알려주지만 플랫폼 관리도 사람이 하는 일이다. 지역 매니저들도 배달 플랫폼 업체의 소속이 아닌 외주 영업 형태이기 때문에 담당 매니저마다 업무처리 능력과 책임감의 정도가 다르다는 것을 명심하자. 어느 매니저는 3일이면 될 분량을 일주일 이상 걸리기도 하고 요청사항을 꼼꼼히 처리해 주기도 하지만, 두세 번 이야기해도 처리가 늦어지는 분들도 있다. 업무 능력이 있는 매니저를 찾기 위해서는 앞서 언급했듯 주변에서 추천받거나 배민이나 요기요 등 사이트를 통해서 담당자를 지정받는 게 좋다. 창업 관련 네이버 카페를 통해 소개받거나 직접 명함을 받아 보는 방법도 있다.

썸네일(로고) 만들기

배달앱에 들어가면 하나의 카테고리 안에도 수많은 썸네일(로고)들이 눈에 띄기 위해 치열하게 경쟁하고 있다. 이제 막 입점해서 인지도가 쌓이지 않은 신규업소가 고객에게 선택을 받기 위한 최소한의 노력이란 기억에 남을 만한 재치 있는 상호와 시선을 사로잡는 센스 있는 로고의 디자인이다. 오프라인 매장은 간판이나 외관, 조명, 배너, 현수막 등 시각적으로 표현할 수 있는 부분이 많고 투자하기에 따라 규모의 크기가 달라지지만 배달앱은 로고, 메뉴 사진, 공지사항의 배너 디자인 정도가 시각적으로 표현할 수 있는 전부이다. 한정된 홍보만이 가능하지만 공평한 경향이 있다.

말하자면 오프라인에서의 간판이 배달앱에서의 썸네일(로고)이고 홀 인테리어가 곧 배달 플랫폼 내 꾸미기와 같은 역할을 한다고 이해하면 된다. 배달앱의 이러한 특징은 소비자들이 받아들일 수 있는 정보 역시 한정적이라는 의미가 되는데 그만큼 로고 하나, 배너 하나에 더욱 신경 쓰고 고민해야 한다는 뜻이다. 또한 배달앱을 이용하는 주 연령대가 편안하고 익숙한 것보다는 특이하고 재미있는 것을 지향하는 20~30대이다. 그들의 눈에 띄기 위한 구체적인 노력 중 하나가 재치 있는 작명과 독특한 디자인이다. 예를 들면 웹툰이나 넷플릭스, 모바일 게임 등 그들이 좋아할 만한 것들을 연상시키는 썸네일로 만들어 접근하는 것이다. 이러한 사례로 성공한 업체가 적지 않다.

만약 정해진 썸네일이 없을 경우, 배달앱 플랫폼에 요청하면 텍스트 형태의 로고를 만들어주기도 한다. 하지만 이러한 형태의 로고는 매장의 개성을 전달하지 못할 뿐 아니라 눈에도 잘 들어오지 않으니 지양하는 것이 좋다. 앞서 말했듯 썸네일은 매장의 간판이고 얼굴이며 고객과의 연결고리이다. 그러니 약간의 비용을 지불하더라도 전문가에게 디자인을 맡기는 것은 전혀 아깝지 않은 투자이다. 저렴하게는 몇만 원대의 디자인 비용으로 자기 가게만의 유일한 썸네일을 만들 수도 있다. '브이웍스디자인', '크몽', '라우드소싱', '비즈하우스' 등의 사이트를 활용해보기를 권하고 디자인 감각이 있다면 '미리캔버스'라는 사이트를 이용하여 무료로 직접 만들어볼 수도 있으니 참고하길 바란다.

상호 등록

자신이 만든 매장의 상호를 다른 사람이 사용하지 못하도록 보장을 받기 위해서는 '상호 등록'을 해야 한다. 특허청에 신청하는데 본인이 직접 신청 가능하지만 등록 절차가 다소 까다로운 편이다. 신청한다고 전부 등록이 되는 것도 아니다. 동일한 상호로 누군가 먼저 등록한 경우, 선 등록된 상호가 일부 포함돼 있어서 권리를 침해할 경우, 일반적으로 흔히 사용하는 단어나 단어의 조합으로 식별력이 없는 경우 등은 출원을 하더라도 등록이 불가하다. 따라서 상호 등록을 고려한다면 상호를 짓기 이전에 먼저 관련 지식을 쌓은 후 등록이 가능하도록 만들

프랜차이즈를 진행 중이라면 반드시 상호 등록을 진행해야 한다.

어야 한다. 관련해서 변리사에게 수수료를 지불하고 의뢰할 수도 있다. 그러나 상호 등록은 의무가 아닌 선택이므로 개인창업 시 고려 사항은 아니다. 하지만 프랜차이즈화가 진행 중이라면 반드시 상호 등록을 진행해야 브랜드의 가치와 권한을 지킬 수 있고 불가피한 소송도 피할 수 있다.

대표 메뉴 상단, '원산지 표기'항 내용 채우기

고객이 우리 가게를 클릭한 뒤 제일 먼저 보는 부분이다. [사진 4-1]처럼 이곳을 최대한 활용하여 업소 소개, 메뉴 콘셉트, 이벤트 행사,

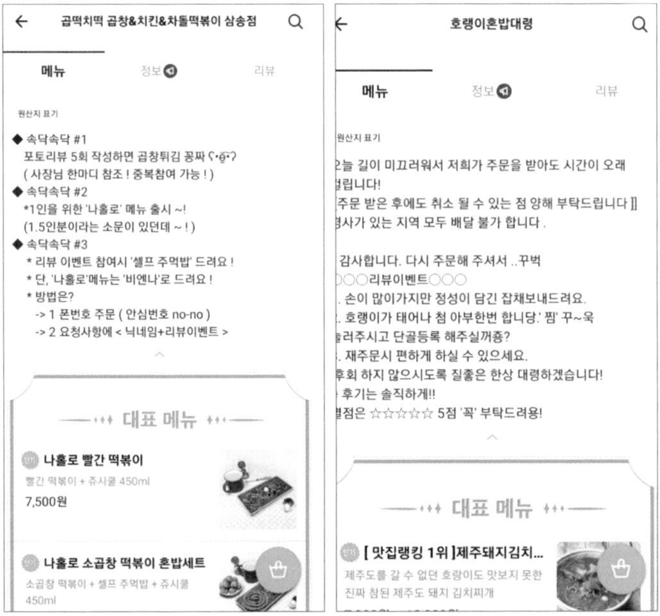

[사진 4-1] 대표 메뉴 상단 활용하는 방법

음식을 만드는 마인드 등 매장의 색깔을 최대한 알릴 수 있다. 이모티콘이나 특수문자, 특수문자를 활용한 문양과 함께 최대한 표현해주어야 효과를 볼 수 있다. 꽤 많은 가게에서 이 부분에 무관심하거나 불필요한 일이라고 여겨 안타깝게도 매장의 특장점을 소개할 기회를 놓치고 있다.

앞에서 언급했듯 배달앱 플랫폼 내 페이지의 분위기는 곧 인테리어와 같은 역할을 한다. 오프라인 매장을 가보면 조명, 소품, 각종 POP 등이 모여 전체적인 느낌을 내는 것처럼 내 페이지 상에서 활용하는 각종 정보란이 곧 조명을 설치할 장소이고 소품으로 꾸며놓을 공간이다. 반복해서 이야기하겠지만 어느 것 하나만이 아니라 그것들이 모여서 풍기는 전체적인 느낌이 효과를 내는 것임을 명심하자.

'가게 정보'란에서 내 매장 강조하기

배달창업시장이 커지는 데 비례해 위생에 관한 관심과 불안이 주요 현안으로 떠오르고 있다. 그래서 자신의 가게가 얼마나 위생에 철저한지, 청결 수준은 얼마만큼 높은지 그 사실을 먼저 알리는 것이 경쟁력을 좌우한다. 배달창업은 양적으로는 급성장했지만 질적인 검증이 필요한 시기인 만큼 남들보다 앞서가는 가게가 손에 꼽히는 것은 당연하다. 남들이 신경 쓰지 않는 것을 먼저 준비할 때의 효과는 이제 막 성장하는 시장일수록 큰 법이다.

내가 운영하던 매장 중 한 곳은 '최고급 정수'를 조리 시에 사용한다는 것을 특장점으로 강조했다. 곱떡치떡의 경우는 깨끗한 내부 주방 모습과 메뉴를 GIF파일 형태로 찍어서 등록함으로써 고객들의 신뢰를 얻었다. 가게 정보항에는 JPG같은 이미지뿐만 아니라 짧은 동영상인 GIF파일도 등록이 가능하므로 특별히 강조하고 싶은 내용이나 위생적인 모습, 식자재 관리하는 모습, 가게 행사 등 여러 소식을 주기적으로 전하자. 고객과 소통하고 기억에 남는 매장이 되는 비결이다.

위생이 좋은 매장의 경우는 배달기사들이 자체 주문도 하고 소문을 내기도 한다. 반대로 배달기사들의 입소문으로 조금씩 매출이 떨어지는 경우도 볼 수 있다. 더구나 앞으로는 식품의약품안전처(식약처)의 정

[사진 4-2] '사장님 공지'항과 톡톡 튀는 3단 배너 만들기

책에 의거 배달기사의 비위생업체 신고제가 활성화될 여지가 있으니 참고하길 바란다.

'사장님 공지' 중 제일 상단에는 [사진 4-2]에서 보는 것처럼 3개의 배너를 넣을 수 있는 공간이 있는데 매장의 콘셉트와 특장점을 전달하기 가장 좋고, 그만큼 중요한 부분이기도 하다. 1개의 배너는 1,280px x 560px 사이즈이며 3개를 전부 합치면 플랫폼 내에서 제일 넓은 면적이다. 그러므로 사진과 디자인을 활용해서 리뷰 이벤트 등 서비스 소식과 재미있는 가게 스토리, 메인 메뉴 등 주요 내용을 담아내야 한다. 왼쪽 '곱떡치떡'은 제일 상단 배너에 리뷰 이벤트 관한 내용을 넣

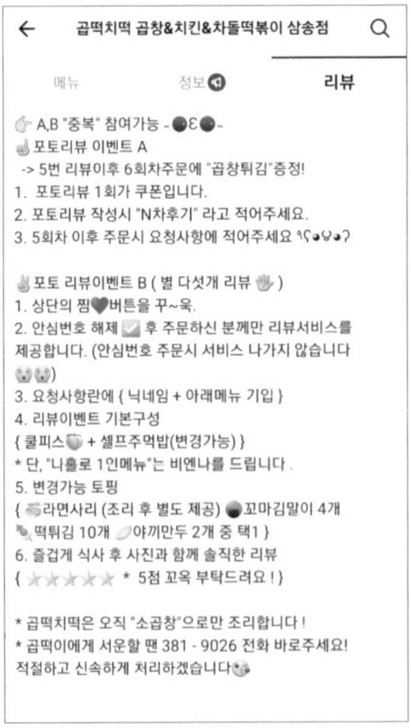

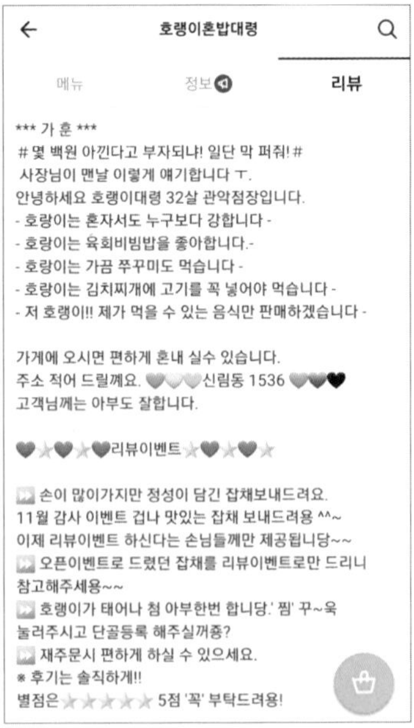

[사진 4-3] 사장님 공지글

어서 관련 소식을 가장 먼저 눈에 띄게 해주었다. 오른쪽 '호랭이혼밥 대령'은 "음식에 고기가 없으면 간식이다."라는 메인 슬로건을 내걸고 대표 메뉴 사진과 함께 배치해줌으로써 음식 안에 고기를 푸짐히 넣었다는 사실을 강조하고 있다. 이처럼 배너는 소식을 효율적으로 전달해주는 가장 좋은 수단이다. 하지만 너무 오랫동안 사용하면 자칫 정체되고 식상한 이미지를 줄 수 있으므로 최소한 6개월에 한 번 정도는 주기적으로 바꿔주는 것을 권장한다.

대표 메뉴 상단에는 앞서 언급한 내용과 마찬가지로 강조하고 싶은 내용과 가게의 특장점, 콘셉트, 이벤트 및 서비스, 각종 행사 소식 등 다양한 내용을 작성해 올리면 소비자에게 정보가 된다. 재미있는 문구나 유머, 사장님 사적인 이야기를 담아도 좋다. [사진 4-3]과 같은 '사장님 공지글' 또한 '3단 배너' 바로 아래에 보여지므로 다른 부분에 비해 더 많이 노출된다. 핸드폰에서 제공하는 컬러 캐릭터 이모티콘 입력도 가능하다. 이러한 사실을 최대한 활용해서 동적이고 활기 넘치는 모습을 꾸준히 전달하고 고객과 소통해서 호감을 얻는 매장이 되자.

Chapter 05

배달업체 수수료를 체크하자

배달음식점을 운영하려면 반드시 알아두어야 할 것이 있다. 배달업체별 사용용어와 수수료이다. 그 차이점을 비교해 기억하고 있어야 도움이 된다. 수수료는 일정한 광고비를 내고 판매를 시작하는 방식인 '정액제'와 판매하는 양에 비례해서 일정 비율로 산정하는 방식인 '정률제'로 구분된다. 배민의 '울트라콜'만이 정액제에 해당한다.

《 배달의 민족 》

1. 울트라콜

- 흔히 '깃발'이라고 부른다.
- 노출 범위는 치킨(1.5km), 고기·구이, 백반·죽·국수(2km), 그 외 카테고리

(3km) 이며, 수도권과 지방권이 다르니 고객센터를 통해서 확인해봐야 한다.

- 울트라콜 한 개당 단가 88,000원(부가세포함)
- 깃발을 10개 꽂는다면 88만원 + 외부결제 수수료 3.3%가 순수 앱 사용 수수료다.

2. 배민 오더

- 고객이 배달의민족 앱에서 테이크아웃 예약 후 직접 찾아가는 방식이다. 외부결제 수수료 3.3%가 발생한다.

* 외부결제 수수료(선결제카드 수수료)
배달 앱을 통해 신용카드, 휴대폰 결제 등을 이용하면 주문 금액의 3.3%의 추가 수수료가 발생한다. 현금결제가 아니면 모두 발생되는 비용이다. 요즘은 현금결제를 하는 소비자가 많이 없기 때문에 주문 건별로 발생하는 수수료라고 보아야 한다.

3. 오픈 리스트

- 울트라콜 광고 영역 상단에 3개 업체씩 랜덤으로 노출시켜주는 광고이다.
- 노출 범위는 4km
- 입점된 업체 수가 많을수록 노출될 확률이 낮아진다.
- 주문 금액의 수수료 6.8%(부가세 별도) + 외부결제 수수료 3%(부가세 별도)

예) 20,000원 메뉴를 판매했을 경우

- 오픈리스트 수수료 : 1,360원 (20,000 x 0.068)
- 외부결제 수수료 : 600원 (20,000 x 0.03)
- 부가세 : 196원 (1,360원 + 600원의 10%)
- 순매출 : 17,844원

※ 오픈리스트 광고는 필수

※ 입점 가능한 모든 카테고리에 오픈리스트를 신청하라.

- 메인 카테고리가 '한식'이라면 '백반·죽·국수' 카테고리와 '찜·탕' 카테고리, '야식' 카테고리에 신청하여 노출 빈도를 높인다.

※ 반드시 '1인 메뉴'를 만들어 '1인분 카테고리'도 노출시키자.

※ 많이 노출될수록 선택받을 확률이 높아진다.

4. 배민1

- 배달의 민족에서 배달까지 대행해주는 방식이다.
- 하나의 가게 메뉴만을 배송해주기 때문에 음식을 픽업하러 오는 시간이 빠르고 정확하며 고객에게 음식이 전달되는 시간도 단축된다.
- 원클릭으로 배달 대행요청까지 가능해서 조리나 매장 관리에 더 집중할 수 있다.
- 수수료를 고려해서 판매가를 설정하지 않으면 수익분기점을 넘기가 어려

울 수 있다.

1) 기본형 요금제

- 기본으로 설정되는 요금제
- 주문 금액의 수수료 6.8%(부가세 별도) + 배달비 0~6,000원(부가세 별도) + 외부결제 수수료 3%(부가세 별도)
- 사장님 부담 배달비는 0원 ~ 6,000원까지 설정 가능
- 나머지 배달비는 고객에게 부과
- '기본거리 배달팁'은 '사장님 부담 배달비'와 별개로 책정되는 배달팁이며 고객부담이 원칙이나 배민이나 사장님이 지원 가능(0~500원)
- 고객에게 부과되는 모든 배달팁은 부가세 포함

2) 배달비 절약형 요금제

- 객단가가 낮은 메뉴를 판매하는 가게에 추천
- 주문 금액의 수수료 15%(부가세 별도) + 주문 금액대 별 배달비(부가세 별도) + 외부결제 수수료 3%(부가세 별도)

  * 주문 금액 5,000원 ~ 12,000원 미만
- 사장님 부담 배달비 900원(부가세 별도) / 고객 배달팁 3,900원(부가세 포함)

  * 주문 금액 12,000원 ~ 30,000원 미만
- 사장님 부담 배달비 2,900원(부가세 별도) / 고객 배달팁 2,000원(부가세 포함)

* 주문 금액 30,000원 이상

- 사장님 부담 배달비 2,900원(부가세 별도) / 0원

3) 배달비 포함형 요금제

- 중개수수료와 배달비를 통합해 수익관리를 편하게 할 수 있다.

- 주문 금액의 수수료 27%(부가세 별도) + 외부결제 수수료 3%(부가세 별도)

- 주문 금액과 주문 시간대별 수요를 고려하여 자동으로 고객에게 배달팁 부과

- 시간이나 요일, 거리별로 배달팁을 다르게 적용 시 추천

※ 결론

- 사장님들의 평균 객단가를 구한다(총 매출액 ÷ 총 주문 수)

- 평균 객단가에 따라서 계산해보고 유리한 요금제를 선택

- 평균 객단가 15,000원 미만은 '배달비 절약형' 추천

- 평균 객단가 25,000원 이상은 '기본형 요금제' 추천

▶ 어떤 요금제를 선택해도 마진이 적다는 생각은 지울 수가 없다. 하지만 빠르게 입지를 다지기 위해서는 반드시 해야 하는 광고 상품이다. 단돈 3,000원이라도 남으면 배달을 보내겠다는 적극적인 마인드가 중요하다. 입지를 다진 후에는 '배민1'에서 빠져도 괜찮다.

5. 우리 가게 클릭

- CPC(Click Per Cost) 기반으로 광고비를 사장님께서 직접 설정
- 고객이 클릭할 때 비용이 나간다
- 한 사람이 계속 클릭 시 비용이 나가지 않음
- '우리동네 빠른배달' 카테고리, '메뉴별 카테고리 하단 두 번째' 카테고리에 노출
- 최소 200원에서 최대 600원까지 클릭 단가 설정 가능
- 입찰가가 높을수록 상단에 노출된다.
- 주문까지 이어지진 않더라도 고객이 '찜'을 누르거나 내 매장을 기억했다면 반은 성공이라고 생각해야 한다.

예시1) "나는 한 달에 5만 원만 광고비로 정할래요, 클릭 시 비용을 200원으로 할래요"

: 50,000원 ÷ 200원 = 250번 선택(클릭)받을 수 있다.

예시2) "나는 한 달에 300만 원 광고비로 정할래요, 클릭 시 비용을 600원으로 할래요"

: 3,000,000원 ÷ 600원 = 5,000번 선택(클릭)받을 수 있다.

★ 배달의민족 데이터 분석 방법

- '배민 사장님 사이트' 로그인

- 통계 클릭

- 확인하고 싶은 브랜드 클릭

- 노출수 / 클릭수 / 주문수 / 주문 금액 / 전화주문 확인 가능

1) 노출수 : 손님들이 엄지손가락으로 휘리릭~휘리릭~ 넘기면서 살짝살짝 눈에 보였었다.

2) 클릭수 : 살짝 눈에 보인 상점 중 우리 매장이 궁금하여 클릭하여 들어가 보기로 했다.

3) 주문수 : 들어와 봤더니 마음에 들어 주문을 하기로 했다.

- 노출수 ÷ 클릭수 = 클릭율

클릭율이 20% 미만이면 매장의 대문(썸네일, 뱃지, 배달 시간)이 문제

- 클릭수 ÷ 주문수 = 주문율

클릭율이 20% 미만이면 상세페이지가 문제

※ 우리 가게가 '노출수'가 문제라면?

▶ '우리 가게 클릭' 광고 등을 활용한다.

※ 우리 가게가 '클릭수'가 문제라면?

▶ 매장의 대문(썸네일, 뱃지, 배달 시간 등)이 이상 있음을 느끼고 수정한다.

※ 우리 가게가 '주문수'가 문제라면?

▶ 매장의 인테리어가 문제임을 느끼고 상세페이지를 수정한다.

《 요기요 》

1. 기본 수수료형

- 기본 중개수수료 : 12.5%(부가세 별도) + 외부결제 수수료 3%(부가세 별도)

- 노출 방식 : 고객 위치에서 거리 순으로 랜덤 노출

- 배달 대행업체 계약 필요

- 프랜차이즈(B2B 계약) 수수료 8.0%(부가세 별도)

2. 요기요 익스프레스

- 기본 중개수수료 : 12.5%(부가세 별도) + 외부결제 수수료 3%(부가세 별도)

 + 배달비 2,900원(부가세 포함)

 * 신규 프로모션 시 : 수수료 10% + 배달료 1,900원

- 단말기 대여비용 : 월 5,000원(용지 별도구매)

- 노출방식 : 반경 3km 이내 거리 + 재주문율에 따른 알고리즘 노출

- 요기요 소속 라이더가 직접 배송

3. 요타임 딜

- 중개수수료 6%
- 신규고객 또는 일정기간(50일 이상) 주문이 없는 고객에게 할인 팝업창이 노출
- 가게 사장님이 부담하는 금액대별 할인쿠폰 제공
- 주문하지 않으면 광고비 없음
- 원하는 요일과 할인 횟수를 설정할 수 있다.

  * 요타임 딜 횟수를 10개로 설정했을 경우 : 전체 손님이 10번을 주문했다면 노출 종료

《 쿠팡이츠 》

1. 수수료 일반형

- 중개수수료 9.8%(부가세 별도) + 배달비 5,400원(부가세 포함) + 외부결제 수수료 3%(부가세 별도)
- 배달비 5,400원 중 일부 고객에게 부담 가능(최대 4,000원까지)

2. 수수료 절약형

- 중개수수료 7.5%(부가세 별도) + 배달비 6,000원(부가세 포함) + 외부결제 수수료 3%(부가세 별도)
- 배달비 6,000원 중 일부 고객에게 부담 가능(최대 4,000원까지)

  * 평균 객단가 높을수록(30,000원 이상) 수수료 절약형이 유리함.

3. 배달비 절약형

- 중개수수료 15%(부가세 별도) + 배달비는 주문 금액에 따라 900원 ~ 2,900원(부가세 포함) + 외부결제 수수료 3%(부가세 별도)
  - 주문 금액 5,000원 ~ 12,000원 미만 매장 부담 배달비 : 900원 / 고객 노출 배달비 : 3,900원
  - 주문 금액 12,000원 ~ 30,000원 미만 매장 부담 배달비 2,000원 / 고객 노출 배달비 : 2,900원
  - 주문 금액 30,000원 이상 매장 부담 배달비 2,900원 / 고객 노출 배달비 : 0원

* 평균 객단가 낮을수록(5,000원 ~ 11,000원) 배달비 절약형이 유리함.

4. 배달비 포함형

- 중개수수료 27%(부가세 별도) + 배달비 없음 + 외부결제 수수료 3%(부가세 별도)
- 고객 노출 배달비는 주문 금액, 시간대 별 수요, 거리 등을 고려해 자동설정 된다.

* 배달 단가 20,000원 이상일 때는 비추천

5. 쿠팡이츠 프로모션

- 신규 매장에 한하여 한시적으로 적용

- 중개수수료 1,000원 + 배달비 5,000원
- 서울 / 경기/ 인천 지역은 3개월 프로모션 적용
- 그 외 지역은 프로모션 기간이 늘어날 수 있으니 고객센터에 문의

6. 치타 배달

- 치타배달은 '쿠팡의 로켓배송'처럼 음식 배송이 빠른 매장에 부여하는 인증제도
- 다른 광고 상품이 없는 대신 치타배달 뱃지와 치타배달의 레벨을 통해 광고할 수 있다.
- 치타배달 뱃지를 받은 업장은 노출이 상대적으로 잘된다.

1) 조건

- 고객 별점 4.5 이상
- 조리시간 15분 이하
- 준비 완료 사용 85% 이상
- 주문 수락률 95% 이상

* 주문 수락 및 조리시간을 빨리 눌러줘야 한다.

2) 레벨

- 레벨 1 : 신속 정확한 배달상점, 치타배달 가능한 최소 반경 뱃지 노출

- 레벨 2 : 레벨 1보다 우수한 상점, 레벨 1보다 더 넓은 반경 노출
- 레벨 3 : 레벨 2보다 우수한 상점, 레벨 2보다 더 넓은 반경 노출

7. 쿠팡이츠 광고

- 각 카테고리 내 매장 중 가장 상단에 노출
- 고정 광고비 없이 주문으로 이어졌을 때 차감
- 클릭 당 광고비는 주문단가에 5%부터 자유롭게 설정 가능하며 광고비가 높을수록 상단에 우선 노출
- 최대 4km 이내의 고객에게 노출

《 땡겨요 》

- 신한은행 공공배달앱이며 수수료가 저렴하다.
- 중개수수료 2%(부가세 별도) + 외부결제 수수료 3%(부가세 별도)
- 고객 위치에서 거리 순으로 랜덤 노출
- 배달 대행업체 계약 필요

* 상대적으로 중개수수료에 대한 부담이 적은 배달 앱이 지속적으로 개발 중이며, 조금 더 나은 배달 매장 운영이 될 것으로 기대한다.

업체	방식	수수료		비고
배달의민족	울트라콜(깃발)	1개 88,000원 외 건당 외부결제 수수료 3%(부가세 별도)		
	오픈 리스트	중개수수료 6.8%(부가세 별도) + 외부결제 수수료 3%(부가세 별도)		
	배민1	기본형 요금제	중개수수료 6.8%(부가세 별도) + 배달비 0~6,000원(부가세 별도) + 외부결제 수수료 3%(부가세 별도)	- 사장님 부담 배달비는 0원~6,000원까지 설정 가능 - 나머지 배달비는 고객에게 부과 * 평균 객단가 25,000원 이상 추천
		배달비 절약형	중개수수료 15%(부가세 별도) + 주문 금액대 별 배달비 + 외부결제 수수료 3%(부가세 별도)	- 주문금액대 별 배달비 123p 참고 * 평균 객단가 15,000원 미만 추천
		배달비 포함형	중개수수료 27%(부가세 별도) + 외부결제 수수료 3%(부가세 별도)	- 주문 금액과 주문 시간대별 수요를 고려하여 자동으로 고객에게 배달팁 부과 * 시간이나 요일, 거리별로 배달팁을 다르게 적용 시 추천
	우리 가게 클릭	클릭 당 단가 200원 ~ 600원 설정 가능		- 충전금 소진 시 자동충전
	배민 오더	3.3%		- 손님 방문 포장
요기요	기본 수수료형	중개수수료 12.5%(부가세 별도) + 외부결제 수수료 3%(부가세 별도)		- 프랜차이즈 B2B 계약 시 수수료 8%(부가세 별도)
	요기요 익스프레스	중개수수료 12.5%(부가세 별도) + 외부결제 수수료 3%(부가세 별도) + 배달비 2,900원(부가세 포함)		- 신규 프로모션 시 : 수수료 10% + 배달료 1,900원

요기요	요타임 딜	주문 금액의 6%(부가세 별도)	- 가게 사장님 매장의 금액대별 할인쿠폰 제공
쿠팡이츠	수수료 일반형	중개수수료 9.8%(부가세 별도) + 배달비 5,400원(부가세 포함) + 외부결제 수수료 3%(부가세 별도)	- 배달비 5,400원 중 일부 고객에게 부담 가능 (최대 4,000원까지)
	수수료 절약형	중개수수료 7.5%(부가세 별도) + 배달비 6,000원(부가세 포함) + 외부결제 수수료 3%(부가세 별도)	- 배달비 6,000원 중 일부 고객에게 부담 가능(최대 4,000원까지) * 평균 객단가 높을수록 유리 (30,000원 이상)
	배달비 절약형	중개수수료 15%(부가세 별도) + 배달비는 주문 금액에 따라 900원 ~ 2,900원(부가세 포함) + 외부결제 수수료 3%(부가세 별도)	- 주문금액대 별 배달비 129p 참고 * 평균 객단가 낮을수록 유리 (5,000원 ~ 11,000원)
	배달비 포함형	중개수수료 27%(부가세 별도) + 배달비 없음 + 외부결제 수수료 3%(부가세별도)	- 배달 단가 20,000원 이상일 때는 비추천
	쿠팡이츠 광고	클릭 당 광고비는 주문 단가에 5%부터 자유롭게 설정 가능	- 광고비가 높을 수록 상단에 우선 노출
땡겨요	기본	중개수수료 2%(부가세 별도) + 외부결제 수수료 3%(부가세 별도)	- 신한은행 공공배달앱이며 수수료가 저렴
위메프오	기본	서버 비 주당 8,800원 외 건당 중개수수료 5%(부가세 별도) + 외부결제 수수료 3%(부가세 별도)	

Chapter 06

야무지고 성실한 직원이 매출을 올린다

직원을 구하고 운영하는 개념에 있어서 배달형매장과 홀형매장은 다르다. 이를 명확하게 인지하는 분들은 의외로 많지가 않다. 배달음식점의 경우 일 잘하는 직원 만나는 게 쉽지 않은데 그 내면을 가만히 살펴보면 몇 가지 이유를 찾을 수 있다.

먼저 고용 시장의 질적인 문제만이 아닌 관리자 자신이 운영의 묘가 부족한 경우이다. "좋은 낫도 휘두를 줄 모르면 풀 몇 포기밖에 베지 못한다."라는 말이 있다. 사장은 직원에게 적절한 역할을 부여해주고, 일처리를 원활하게 할 수 있도록 여건을 마련해줘야 한다. 더불어 업무에 솔선수범해야 한다. 그렇게 일하는 사장 곁에는 자신의 일에 책임질 줄 아는 직원도 있게 된다.

다른 하나는 급속도로 커져 가는 배달시장의 창업 환경에 있다. 홀형매장에서 다수의 직원과 함께 일해본 경험으로 배달형매장을 운영하면 직원 관리에 어려움을 느낀다. 홀형과 배달형은 각각 직원들의 역할 범위가 다르기 때문이다. 배달창업은 소자본 창업이고 규모가 작은 만큼 한 명이 이것저것 컨트롤해야 하는 부분이 많다. 주방 청소, 오픈 준비, 식자재 발주, 재고 관리, 공과금 종합, 전화 문의 응대, 리뷰 관리, 어플 관리, 관리자급일 경우 월말 결산 등등 다양한 부분에 신경 써야 한다.

반면, 이보다 규모가 있는 홀형은 다수의 직원이 자신이 맡은 특정한 분야를 집중적으로 관리한다. 따라서 홀형을 운영했던 분은 전 분야를 하나하나 직접 컨트롤해보진 않았을 것이므로, 배달형매장을 시작한 뒤 하나하나 직접 선행을 보여야 하니 어려움에 봉착하게 된다. 이제 성장하기 시작하는 배달창업시장이다 보니, "사장보다 일 잘하는 직원은 없다."라는 진리 아래 모든 직원이 항상 부족하게 느껴지는 건 어쩌면 당연한 이치인지 모른다. 결론은 명확하다. 상대를 탓하지 말고 사장이 먼저 실력을 쌓아서 솔선수범의 교과서가 되는 것이 성공창업의 첫 번째 단추이다.

직원을 구하기 위해서는 일반적으로 [사진 6-1]과 같은 알바몬이나 잡코리아에 사업자로 구인등록을 해야 한다.

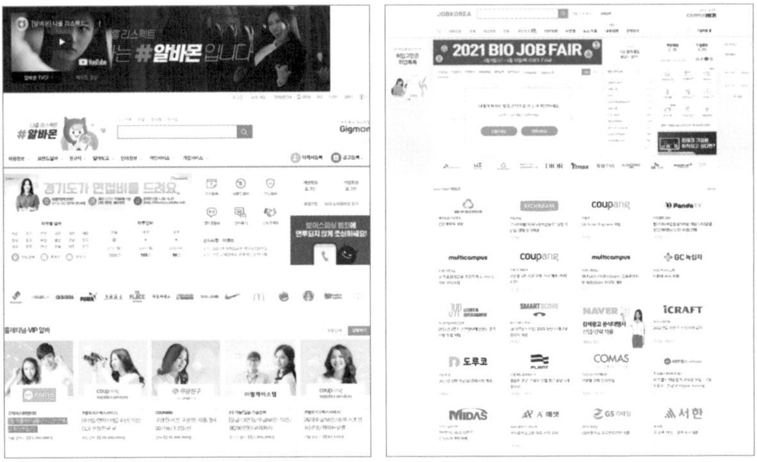

[사진 6-1] 직원을 구인할 수 있는 알바몬과 잡코리아 사이트

배달업 특성상 비교적 젊은 연령대의 직원을 구해야 유리하다. 실제로도 20대 초반부터 30대 초반의 연령대에서 가장 많은 입사지원과 면접이 이루어진다. 개인 프라이버시와 라이프 스타일을 추구하는 요즘 세대는 주 6일 근무보다는 수익이 적더라도 주 5일 근무를 선호한다. 30대 이하는 대부분 5일 근무를 선호하는 편이고, 30대 이상의 구직희망자들은 급여가 높다면 6일 근무를 선호한다. 가정과 아이들이 있어서 경제적인 부분이 더 충족되기를 원하는 것이다.

지역마다 편차가 있겠지만 배달업 특성상 12시간 근무를 해주어야 영업시간 동안 정상적인 운영이 가능하다. 그래서 배달전문점의 직원 인건비는 다른 식당들보다 높은 편이다. 야간근무자라면 월 300만 원 초반까지도 급여가 나간다.

구인 사이트에 하루 12시간 월급 250만 원이라고 올려놓으면 면접자가 줄어든다. 그만큼 맘에 드는 직원 구하기가 어렵다. 최소 260만 원 이상으로 해놓으면 그래도 직원으로 채용할 만한 인재들이 면접을 보러 온다. 실제로 우리가 운영하던 신림점도 하루 12시간 기준 250만 원으로 공고를 냈더니 잘 오지 않던 면접 신청이 270만 원까지 채용공고를 냈더니 면접자가 확연히 증가했다. 직원들은 하루 10시간 근무를 희망하는 경우가 많은데 이 경우 사장이 앞뒤 시간으로 좀 더 열심히 하는 수밖에 다른 방법이 없다.

직원이 비교적 쉽게 구해지는 지역일수록 급여는 낮게 측정된다. 구인, 구직도 철저하게 수요와 공급의 법칙이 적용된다. 어느 업종이나 마찬가지겠지만 직원 문제가 가장 어렵다. 유대감이 형성되기까지 시간도 필요하다. 직원에 대한 기대가 클수록 실망도 크게 나타난다. 사장의 눈높이로 직원을 바라보면 다 부족해보일 수밖에 없다.

"왜 저렇게 하지? 나라면 저렇게 하지 않을 것 같은데."

"재는 도대체 무슨 생각으로 일하는 거야?"

"왜 저것밖에 못 할까?"

"남는 시간에 청소라도 하지 멀뚱멀뚱 뭘 하는 건가. 도대체?"

"왜 시키는 것만 할까?"

"언젠가 괜찮은 직원이 오면 너부터 해고다."

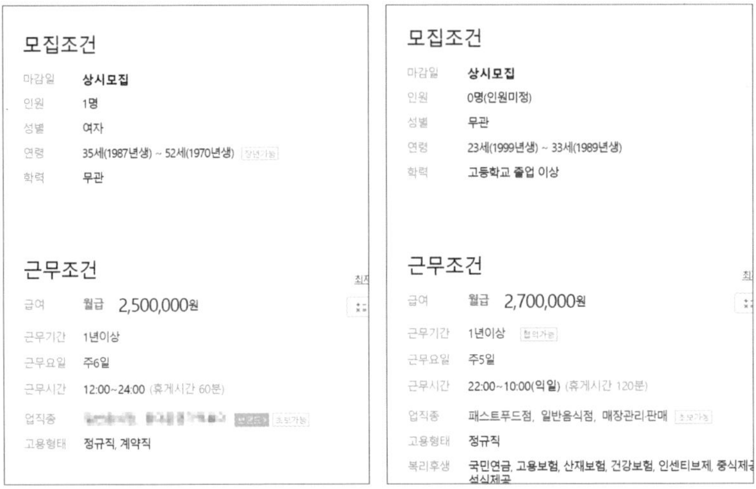

모집조건

마감일	상시모집
인원	1명
성별	여자
연령	35세(1987년생) ~ 52세(1970년생) 장년가능
학력	무관

근무조건

급여	월급 2,500,000원
근무기간	1년이상
근무요일	주6일
근무시간	12:00~24:00 (휴게시간 60분)
업직종	조정가능
고용형태	정규직, 계약직

모집조건

마감일	상시모집
인원	0명(인원미정)
성별	무관
연령	23세(1999년생) ~ 33세(1989년생)
학력	고등학교 졸업 이상

근무조건

급여	월급 2,700,000원
근무기간	1년이상 협의가능
근무요일	주5일
근무시간	22:00~10:00(익일) (휴게시간 120분)
업직종	패스트푸드점, 일반음식점, 매장관리·판매 조정가능
고용형태	정규직
복리후생	국민연금, 고용보험, 산재보험, 건강보험, 인센티브제, 중식제공 석식제공

[사진 6-2] 구인 사이트 직원 채용 공고 등록 요령

이런 마음으로 직원을 대하면 무심결에 말투에 묻어나오게 된다. 직원은 사장의 말 한 마디와 행동뿐 아니라 눈빛에서 이 마음을 다 전달받는다. 그러면 가게와 판매되는 음식에 애정을 쏟지 않고, 그것이 고객들에게 고스란히 전해지며 매출까지 떨어지는 악순환이 발생하는 것이다.

문제를 일으킬 소지가 있는 직원을 뽑지 않는 것도 하나의 방법이다. 면접 시 자소서와 이력서의 준비상태로 어느 정도 판단이 가능하다. 아주 간단한 자소서나 이력서라도 준비해오는 면접자들과 그냥 빈손으로 휴대폰 하나 들고 면접 보러 오는 직원들의 마음가짐은 처음부터 차이가 크다. 면접 왔을 때 간단하게 자기소개서, 희망 연봉이라도 작성해달라고 하면 대충 쓰는 사람들도 있고, 조금이라도 열심히 쓰려고 하는 사람들도 있는데 당연히 후자 쪽이 일을 잘하거나 성실하게 해낼 확률이 높다.

배달업종은 특성상 속도가 빨라야 한다. 앞에서도 언급했듯 시력도 좋아야 하며 배달 프로그램을 다루는 데 능숙해야 한다. 비교적 젊은 연령대 직원으로 가게 인원을 구성하면 이 문제가 쉽게 해결된다.

업주들도 사장이나 대표의 직함에 맞는 사고와 언행을 보여야 한다. 어떤 상황에서도 경솔하게 판단하거나 거친 말과 행동을 보여서는 안 된다. 아무리 화가 나더라도 직원을 탓하거나 책임을 전가해서는 안 된다. 인내와 이해 더 나아가 여유로움으로 대처해야 직원들에게 인정받는다. 배울 게 있는 사장, 정말 마음이 따뜻한 사장, 직원의 제안도 들어줄 수 있는 사장, 같이 성장할 수 있는 사장은 스스로 만들어가는 것이다. 급여나 복지까지 잘 챙겨준다면 가게 매출도 늘어난다.

어느 업종이나 마찬가지겠지만 직원 문제가 가장 어렵다.

어느 업종이든 직원들이 매출을 만들어준다. 배달업종은 특성상 장기근속 비율이 떨어지므로 가장 최선은 어쩌면 사장 1인 창업 + 가족 형태가 적합하다. 하지만 같은 공간에서 긴 시간 동안 함께 일하면 가족 간에도 갈등이 생긴다. 타인인 직원과의 갈등이 생기는 건 당연하므로 언제나 존중하고 배려할 줄 알아야 한다. 배울 것이 있는 사장 곁에는 늘 좋은 직원들이 있게 마련이다. 장사가 잘되는 음식점 직원은 바쁘고 힘들다며 그만두지 않는다. 오히려 시간도 잘 가고 보람을 느끼는 경우가 많다. 반대로 바쁘지 않아서 눈치도 봐야 하고 시간도 안 가는데 사장까지 잔소리하는 가게는 직원들이 수시로 바뀐다. 직원들과 함께 호흡하고 마음을 비워서 부족한 부분을 사장이 채우려고 노력하자. 좋은 직원과 인연이 되어 가게는 점점 더 번창할 것이다.

직원이 싫어하는 대표적인 사장의 유형

* 실력도 없으면서 잔소리만 하는 사장
* "뭐해? 안 바쁘면 바닥이라도 닦아!"라고 말하며 잠시 쉬는 꼴도 못 보는 사장
* "야, 저것 좀 해놔!"라고 말투가 명령조인 사장
* 직원에게 가게를 맡기고 "왜 이렇게 했어? 좀 더 확실한 방법을 찾아야지."라고 방관자처럼 훈수만 두는 사장

Chapter 07

피로를 줄이는 주방 시스템 만들기

음식을 판매하는 매장이라면 주방동선은 정말 중요하다. 특히 배달형매장의 경우 주방동선의 세팅에 따라 한 명 정도의 인건비를 대체할 만큼 중요하기 때문에 주방운영과 조리동선을 꼼꼼하게 살피고 여러 번 시뮬레이션한 뒤 효율적으로 시스템을 갖춰야 한다.

효율적이지 못한 동선은 업무 피로도를 증가시키고 이것은 곧 서비스의 질적 하락과 인건비 지출로 연결된다. 구성되어 있던 주방을 다시 조정하려면 의외로 큰 비용이 들어간다. 예를 들어 가스 튀김기를 추가하거나 단순히 위치만 이동시킨다고 해도 가스배관 작업과 가스안전공사에 안전검사를 신청해야 하는데 대행으로 진행할 경우 대략 5~60만 원의 비용이 발생한다. 더불어 작업하는 동안 매장 운영도 불가하니 손해는 더욱 클 수밖에 없다.

주방동선

더 많은 회전율을 요구하는 배달음식점 창업을 고려한다면 조리공간, 보관공간(냉장고), 포장공간(포스, 포장), 설거지공간 등 모든 동선에 대한 경우의 수를 잘 판단해야 한다. 최소한의 움직임으로 주방을 운영할 수 있도록 효율적인 주방 시스템을 갖추는 것이 기본이다.

매출이 어느 정도 나오고 상시 2인 이상이 운영하는 배달음식점을 창업하는 경우 직원 배치가 효율적으로 이루어진 주방 시스템이 필요하다. 예를 들어 1명은 조리와 설거지를 담당하고 나머지 1명은 음식

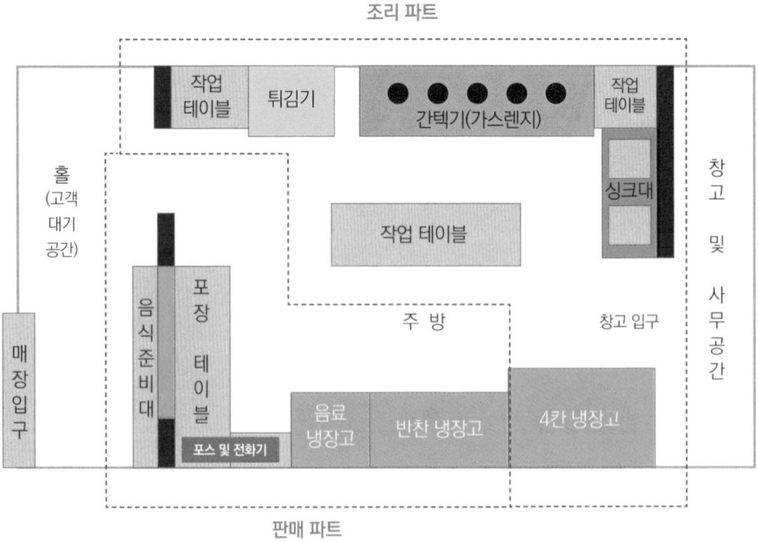

준비와 포장한 음식을 배달기사에게 전달해준다. 이때 주방설계는 조리하는 공간과 조리가 완료된 음식의 포장을 주로 맡아서 할 수 있는 2가지 공간으로 설계하는 것이 좋다(하지만 절대 공간을 따로 분리하지는 않는다).

매출이 7,000만 원 이상 나오는 배달전문점의 경우에는 피크타임 때 최소 3명 이상의 인력이 필요하다. 이때 1명은 조리만 주로 담당하고 다른 1명은 설거지와 식자재 준비, 나머지 1명은 포장을 주로 맡아서 하는 것이 효율적이다. 설거지하는 직원이 음식을 준비해서 조리하는 파트에 전해주도록 업무를 분담하면 더 일의 능률이 오른다.

잘못된 주방설계가 이루어지면 실제로 발생될 수 있는 매출의 20%까지 손해를 볼 수 있다. 계속해서 업무를 보는 사장과 직원의 피로도가 누적되어 일하는 것 자체가 짜증이 나게 되는 것이다. 막상 음식점 주방을 보면 다 비슷비슷해보이지만 누가 설계를 어떻게 하느냐에 따라서 눈에 보이지 않는 엄청난 차이를 가져 온다.

예를 들어 설거지공간이 조금 떨어져 있다는 이유 하나로 일하는 데 엄청난 피로도를 줄 수 있는 것이 바로 주방설계다. 배달음식점도 패스트푸드 주방처럼 직원 1명이 1.5m 반경 내에서 업무가 대부분 이루어지도록 동선을 고민하고, 손만 뻗으면 모든 필요한 도구들이 손에 잡힐 수 있도록 배치하려는 노력이 필요하다.

테이블 한두 개

처음 배달음식점에 도전하는 창업자 중 일부는 꼭 고객용 테이블을 한두 개씩을 넣고 싶어 한다. 과연 홀에 테이블을 한두 개 넣는 것이 옳을까? 아니다, 그와 전혀 반대이다. 처음 음식점을 하는 분들은 욕심 때문에 어떻게든 테이블 하나라도 더 넣으려고 한다. 하지만 고수들은 오히려 테이블을 줄여서 고객이 많아 보이게 하고 줄을 서도록 만든다.

배달음식점을 창업할 때도 마찬가지다. 고객들이 매장을 방문해서 음식을 먹을 거라 착각하는데, 아주 가끔 오는 고객 한두 명 받으려다가 오히려 가게 이미지만 나빠질 수 있다. 홀에 테이블을 두는 것을 추천하지 않는 이유는 다음 3가지 때문이다.

첫째, 바쁜 시간에 홀에 고객이 오게 되면 아무래도 일하는 데 집중도가 떨어진다. “사장님 물 좀 주세요.”, “사장님 숟가락 하나 더 주세요.” 등 특히 피크 타임에 조리와 포장 등으로 정신없는 상황에서 이런 것들에 응대하기란 정말 쉽지 않다.

둘째, 고객 입장에서 볼 때 사장은 바빠 보이고, 배달기사들이 계속 들랑거리면 맛있게 음식을 먹기보다 눈치를 보게 된다. 그럼 다음에 다시 오지 않거나 배달 주문도 시켜 먹지 않는 경우가 생각보다 많다.

셋째, 가게가 아무리 깨끗하다 해도 가정집보다 깨끗하기는 힘들다. 특히 배달전문음식점의 경우 홀의 위생에 더 신경을 쓰지 못하는

잘못된 주방설계가 이루어지면 실제로 발생될 수 있는 매출의 20%까지 손해를 볼 수 있다.

경우가 많다. 포장용기가 이리저리 쌓여 있기 일쑤이고, 아무리 예쁘고 깨끗하게 정리해도 홀 위주로 영업하는 가게와는 차이가 생길 수밖에 없다.

이런 이유로 처음 창업할 때 욕심내지 않아야 하는 것이다. 공간이 남으면 차라리 창고 공간을 여유 있게 설계하든지, 바쁘지 않은 시간에 잠시 커피 한 잔 할 수 있도록 작은 사무용 테이블 한 개 정도만 비치하는 것이 좋다.

이제는 배달장사가 외식업보다는 온라인 판매업에 가깝다. 따라서 배달음식점을 잘 운영하기 위해선 노트북이나 PC가 가게에 있어야 한다. 바쁘지 않은 시간이면 그냥 우두커니 있는 것보다는, 인터넷에 접속해 고객 리뷰에 댓글을 달거나 다른 가게를 서핑하면서 벤치마킹해보자. 또 운영시간 내내 거의 주방에만 있으면서 쌓인 피로를 풀 겸 좋아하는 음악도 들으면서 여유를 가져보는 것이다. 그리고 아이디어와 추후 계획을 세우고 필요한 물품도 정리해보자.

습식주방/건식주방

물이 빠지는 공간(트렌치)을 설치하고, 주방 바닥에 기울기를 주고 방수공사를 해서 물청소가 가능하게 만드는 것이 습식주방이고, 이런 공정 없이 그냥 타일만 깔아서 바닥을 걸레로 닦거나 빗자루로 쓸게 만든 경우가 건식주방이다.

실제로 주방 공간이 5평 이상이 되면 습식과 건식 공사비의 차이가 400만 원까지 나기 때문에 처음 창업할 때 큰 부담이 아닐 수 없다. 저렴한 건식 시공으로 창업하면 좋겠지만 손질할 재료가 많고 양념과 소스 등을 직접 제조하는 방식이라면 반드시 습식으로 시공하길 권장한다. 400만 원이면 대략 파트타이머 두 명 정도의 한 달 인건비다. 장사라는 게 하루 이틀만 하는 게 아니고 몇 년, 어쩌면 몇십 년을 할 수도 있다. 그런데 잘못된 주방 시공 선택으로 자칫 장사하는 내내 청소 때문에 힘들 뿐만 아니라 그 이상의 인건비가 들어갈 수 있기 때문이다. 하지만 대부분의 식재료가 어느 정도 손질돼서 들어온다거나 프랜차이즈와 협력으로 오픈한다면 건식으로 시공해도 상관없다. 자신의 주방 강도와 여건에 따라 비용보다는 합리적으로 판단해서 선택해야 하는 게 주방이다.

Chapter 08

다 같은 배달대행업체가 아니다

배달전문음식점을 창업하는 경우 배달앱회사(배민, 요기요 등)와 배달대행업체의 구분을 어려워한다. 배달의민족은 언론이나 방송에서 많이 접했기에 그곳부터 찾아 계약하는데 그것으로 끝난 게 아니다. 꼭 배달대행업체와 한 번 더 계약해야 한다. 배달대행업체와 계약을 하지 않으면 오픈하고 장사를 못 하거나 직접 배달을 다녀야만 하는 낭패를 보게 된다.

도로변 1층에 입주할 가게를 공사하면 대부분 배달대행업체 직원이 명함을 들고 찾아오므로, 먼저 전화하지 않아도 계약의 전반에 관해 설명들을 수 있다. 그러나 배달업 특성상 지하층이나 2층에서 영업을 시작하는 경우는 먼저 배달대행업체를 찾아서 계약하는 것이 현명하다.

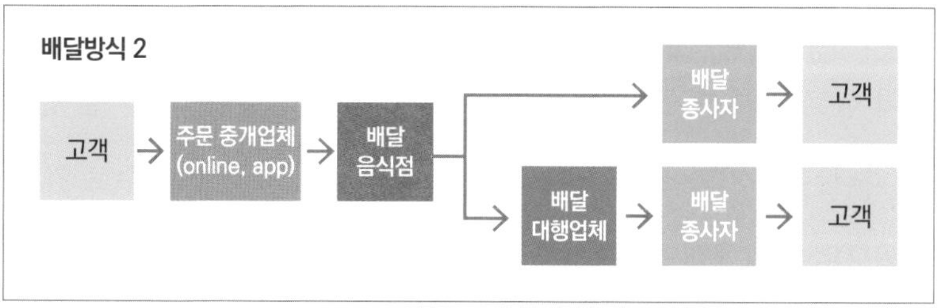

이륜차 음식배달 종사자 보호를 위한 안전가이드라인(출처, 고용노동부)

배달대행업체란 배달비(수수료)를 받고 배달업무만을 전담해주는 곳이다. 전문 배달대행업체가 생겨나면서 배달음식점은 배달직원을 직접 고용하지 않고도 음식을 배달할 수 있게 되었다. 배달대행업체의 등장은 배달앱의 등장과 함께 외식업계의 판도를 바꾸었다. 그로 인해 업주 입장에서는 오토바이를 구매하거나 보험료를 지출하지 않아도 되고, 배달직원의 근태 문제로 스트레스를 받지 않아도 된다. 배달의 가장 큰 문제였던 직원 교통사고에 대한 리스크 부담도 사라졌다.

규모가 큰 배달대행업체는 '바로고', '생각대로', '부릉'이다. 그밖에 정말 수많은 배달대행회사가 전국 각지에서 영업 중이다.

배달대행업체를 선정할 때는 브랜드만 믿고 계약하면 안 된다.

같은 브랜드의 배달대행업체도 지역에 따라 서비스와 품질, 계약 조건이 다르다. 예를 들어 '바로고'는 오토바이에 동일한 스티커를 붙이고 다니는데, 지역에 따라 관리는 잘할 수도 있고 잘못할 수도 있다. 그러므로 배달대행업체를 선정할 때는 브랜드만 믿고 계약하면 안 된다. 운영체계와 직원 관리를 꼼꼼하게 따져야 한다.

배달업체 선정 시 주의점

(1) 배달대행업체 관리자의 신념 알아보기

배달대행업체의 규모가 커지면서 업체 관계자와의 미팅도 중요해졌다. 본부장, 과장, 이사 등 여러 직급이지만 대체적으로 젊은 사람들이 많다. 계약 전에 일단 3개 정도 업체의 관리자와 미팅하고 계약할 것을 추천한다. 이때 관리자의 말투와 성향을 판단해야 한다. 배달기사들을 대하는 태도와 업주를 상대하는 모습에서 이 업체가 지향하는 가치를 확인할 수 있다. 배달업체와 크고 작은 문제가 발생할 수 있기 때문이다. 여러 가지 갈등의 발생 소지는 배달업체 관리자의 마인드에 따른 경우가 많다.

(2) 배달기사 수 파악하기

배달기사가 많다고 꼭 좋은 것은 아니지만, 기사가 많은 업체가 일을 신속하게 처리할 수밖에 없다. 가장 안정적인 곳은 배달기사, 가맹점, 고객 수가 적절한 비율로 회사가 운영되는 곳이다. 오픈 전 미팅을 할 때는 해당 지역 내 배달기사 수가 가장 많다고 내세우지만, 이런 곳은 가맹점도 많아서 막상 주문이 많은 날 배달을 소화하지 못하는 업체도 적지 않다.

(3) 배달기사 관리가 되는 업체 찾기

예전에는 배달기사에 대한 사회적 인식이 좋지 않았다. 그래서 업체들은 기존의 이미지를 탈피하기 위해 여러 노력을 한다. 배달기사에게 안전교육과 고객 응대 교육을 주기적으로 시행하는 업체도 있다. 복장을 통일하는 회사도 있고, 어느 업체의 경우는 절대 고객에게 문신을 보이면 안 된다는 관리 조항도 넣고 있다. 또한 배달기사끼리 복장이

같은 브랜드의 배달대행업체도 지역에 따라 서비스와 품질, 계약 조건이 다르다.

나 태도에 문제점이 생기면 팀장에게 보고해 수정하는 시스템도 만들었다. 그렇게까지 강제조항을 두느냐는 시각으로 볼 수도 있지만, 업체의 관리와 배달기사들의 책임의식을 생각하면 조직의 이미지 개선을 위한 노력으로 볼 수도 있다. 가맹업체에서 정성스럽게 만든 음식이 소비자에게 최종적으로 전달되기까지 배달기사의 손을 거칠 수밖에 없기 때문에 관리가 잘되는 업체를 찾아야 하는 것이다.

아무리 괜찮은 업체도 관리자와 업주가 맞지 않으면 관계가 개선되지 않고 배송에도 문제가 생긴다. 남들이 별로라고 하는 업체도 유대감을 형성하면 크게 문제 될 일이 없다. 배송업체는 업주하기 나름이다.

Chapter 09

악플에서 살아남기

배달전문점을 운영하면서 별 1개 리뷰를 담담하게 받아들일 업주는 없다. 음식 구성이 이상하거나 맛이 이상한 경우가 아니라면 가게의 실수나 미흡한 대처로 별 한두 개짜리 리뷰가 유발될 수 있다. 이때는 신속하고 빠르게 대처해서 리뷰가 수정되거나 삭제될 수 있도록 유도해야 한다. 이런 리뷰가 달리면 업주는 매우 당황스럽다. 곧바로 매출에 영향을 미치므로 정신력이 흔들릴 수밖에 없다. 이럴 때일수록 침착하게 대응해야 한다.

고객의 번호가 남아 있는 시간은 3시간이다. 가게의 실수가 있었다면 그전에 빠르게 고객과 연락해서 정성스럽게 사과하고 환불이나 교환을 해주자. 문제를 해결한 뒤에도 다시 문자까지 보내는 성의를 보여야 한다. 그래야만 고객의 마음을 돌릴 수 있다.

[사진 9-1]은 흔하게 일어나는 별 1점을 주는 고객의 불만 사항이다. 고객 리뷰에 업주의 댓글 대처방안을 살펴보자.

내가 만든 음식이 모두에게 사랑받지 못하는 것은 어쩌면 당연하다. 집에서 요리해도 누구는 맛있다고 하지만 내게는 별로일 때가 있지 않은가? 그와 마찬가지다. 고객의 맛 평가에 너무 마음 쓰지 말자. 이러한 고객의 리뷰에는 담담하고 짧게 대처하는 것이 최선이다. 여기에

[사진 9-1] 고객의 기준에서 배달음식에 불만이 있는 경우

맛이 왜 별로냐, 고춧가루가 표준 레시피로 들어갔는데 고객님이 이상한 게 아니냐, 잡채가 냄새가 나다니 방금 만들었는데 그럴 일이 없다 등 업주의 상황을 내세워서는 안 된다. 특히 감정적으로 대처하면 악플 세례를 각오해야 한다. 다시 강조하지만 담대하게 받아드리고 짧고 간단한 사과 답변으로 마무리해주자. 이것이 최선의 복수다.

[사진 9-2]와 같은 경우는

고객의 그날 기분이 반영되었다고 생각하자. 밖에서 안 좋은 일이 있었을 수도 있고, 음식에 문제가 있었지만 표현할 가치조차 못 느껴서 별 1개를 주는 아주 극단적인 경우이다. 이럴 때는 고객에게 역으로 질문하는 사과 방식으로 댓글을 쓴다. 꼭 이 고객이 아니더라도 다른 고객이 리뷰를 보았을 때 사장이 진심으로 고객을 대한다는 느낌을 받도록 해야 한다. 진정성 있게 사과하고 노력하는 자세가 보이도록 하는 게 더 중요하다.

[사진 9-2] 밑도 끝도 없는 별 1개

[사진 9-3] 실수로 리뷰 이벤트 품목을 빠뜨리거나 착각하는 경우

[사진 9-3]과 같은 경우는 가게의 실수가 명확하다. 거리가 가까우면 빠르게 이벤트 품목을 2배로 보내줘야 한다. 바쁜 시간이고 바로 대처할 수 없다면 먼저 전화로 사과해야 한다. 별 1개가 주는 악영향을 생각하면 업주는 절대 이런 고객을 놓쳐서는 안 된다. 단순히 한 명의 고객을 상대하는 게 아니다. 백 명이 떠날 수도 있는 상황이라고 생각하고 대처해야 한다. 때로는 실망한 고객을 나의 팬이 되게 할 수도 있다. 환불까지는 아니더라도 다음에 주문하면 서비스품목 이상의 것을 제공해드리겠다고 제안하자. 어떻게든 고객의 마음이 완전히 돌아서는 것은 막아야 한다.

고객에게 사과하고 이해를 부탁하는 등 통화가 끝나더라도 댓글이 삭제되거나 수정되지 않는 경우가 있다. 다른 고객들이 보는 이미지를

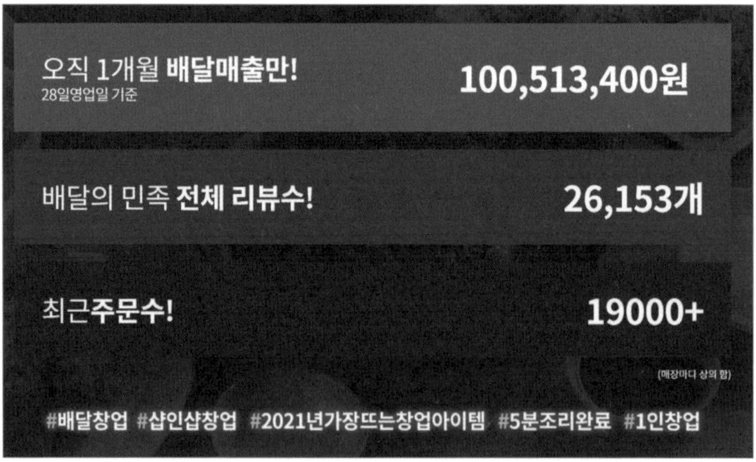

별점이 낮은 리뷰에는 수정될 수 있도록 신속하고 빠르게 대처해야 한다.

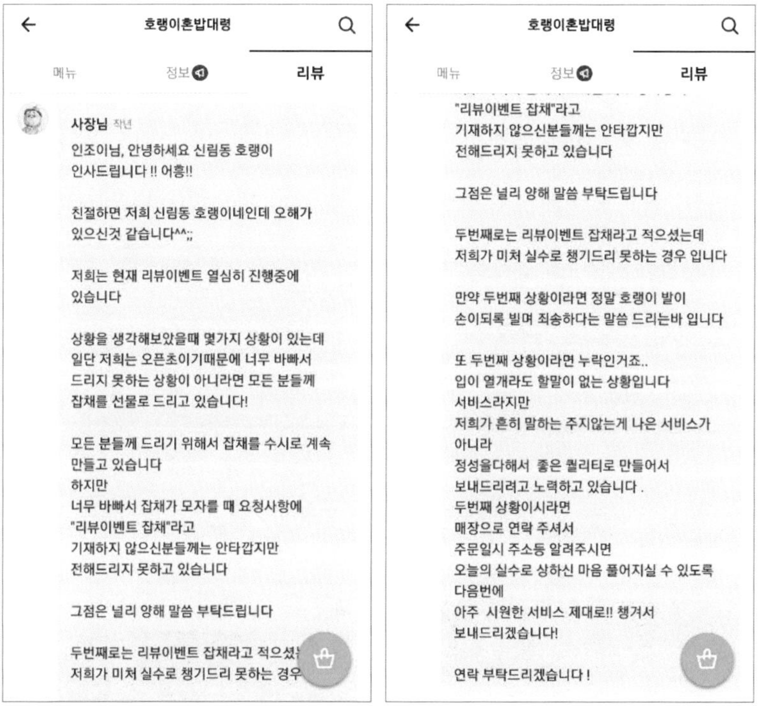

[사진 9-4] 사과 댓글 다는 요령

위해 [사진 9-4]와 같이 자세한 상황을 설명하고 정중하면서 길게 사과해주는 것이 좋다. 절대 단순하게 "저희가 실수했습니다. 죄송합니다."라고 사과하고 끝내서는 안 된다. 고객이 전화를 받지 않으면 연락을 꼭 부탁드린다는 댓글을 달고 문자 메시지를 이용하자. 업주가 성심을 다해 사과하고 있다는 표시를 드러내야 한다.

[사진 9-5]에서 보는 것처럼 일단 음식이 잘못 배달되면 고객은 기분이 상할 수밖에 없다. 악평도 감수해야 할 부분이다. 가끔 주문한 음

식보다 더 비싼 음식이 배달될 경우면 불만이 적다. 그때는 양해를 구하고 가격 추가 없이 드시도록 배려하면 된다. 하지만 반대로 주문한 것보다 싼 음식이나 비슷한 가격의 음식이 배달되면 고객은 진정하기 어렵다. 이때는 철저하게 고객의 처지에서 생각하고 사과해야 한다.

"1시간 가까이 배고픔을 참아가면서 음식을 기다렸는데 다른 음식이 오다니!"

이때는 죄송하다고 연락해도 욕먹기 일쑤다. 별도리가 없이 고스란

[사진 9-5] 주문한 음식이 잘못 배송되고 수저도 가지 않는 상황

히 욕받이가 되어야 한다. 직원이 잘못했든 업주가 잘못했든 그 불만의 원천이 가게에 있으니 받아들여야 한다. 일단 고객의 화가 조금이라도 진정할 때까지 이야기를 들어주고 다시 정중하게 실수를 사과하자. 직접 전화통화를 하는 게 좋다. 연락을 받지 않거나 고객이 회사에서 업무를 보고 있는 시간으로 짐작되면 전화보다는 문자를 먼저 넣는 것이 좋다. 빨리 마음을 비워내고 다음에 같은 실수가 일어나지 않도록 방법을 찾아야 한다. 고객도 한 번은 이해하지만 두 번은 용서 안 한다.

[사진 9-6]에서 보는 것처럼 이물질이 나오는 경우 난감하기 그지없다. 가장 흔하게 발견되는 이물질은 머리카락이다. 가게를 아무리 깨끗이 하고 위생적으로 관리해도 이물질 문제는 식당을 운영하는 내내 긴장하게 만든다. 100% 완벽한 해결책이 없다는 것도 문제다. 머리카락의 경우 실제로 고객의 머리카락인지 조리과정에서 떨어진 머리카락인지 입증도

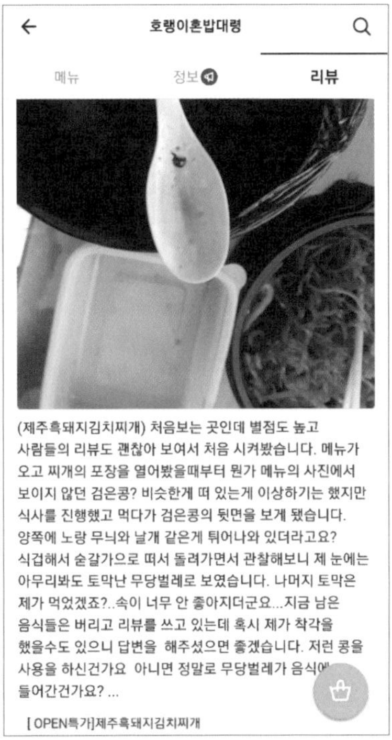

[사진 9-6] 음식에서 이물질이 나오는 경우

안 된다. 하지만 일단 사과부터 하자. 비닐, 플라스틱, 수세미, 벌레는 머리카락 보다 훨씬 더 심각한 문제다. 이때는 즉시 고객과 전화통화를 통해 어떻게든 사과부터 해야 한다. 배달형매장의 경우 대부분 영세하게 운영되고 있다고 고객들이 생각해서인지, 대형음식점처럼 따로 보상을 요구하거나 금품을 요구하는 경우는 많지 않다. 고객의 이해가 뒤따르더라도 최소한의 환불 절차는 예의이다. 다음번 주문 시 무료로 제공하거나 그 이상의 보상을 하는 것이 마땅하다.

이물질의 경우 감정적 대응은 가게를 낭떠러지로 밀어버리는 것이나 마찬가지다. 주방에서는 항상 모자를 쓰고 일하는데 어떻게 머리카락이 떨어지냐, 고객의 머리카락이 아닌지 다시 한번 살펴보라는 식의 댓글은 최악이다. 가게 매출이 급격히 떨어지고 고객들이 가게에 테러 아닌 테러까지 감행한다. 참으로 안타깝다.

고객의 리뷰에는 냉정과 평정을 유지해야 한다. 이 책에 주어진 메뉴얼로 차분히 대처하자. 안정적으로 배달형매장을 운영하기 위한 최상의 방법이다.

Chapter 10

음식점에서 흔하게 일어나는 실수와 대처 방법

배달음식점을 창업하면 바쁘든 바쁘지 않든 크고 작은 실수가 나오게 마련이다. 최소 하루에 1건 이상 생긴다고 보는 게 맞다. 앞에서도 언급했듯 배달형매장의 경우 실수에 대한 즉각적인 대처가 어렵고 난감하기까지 하다. 그로 인해 가게를 운영하는 사장은 스트레스 지수가 높아진다.

직원의 실수, 배달기사의 실수, 고객의 실수까지 가게를 운영하는 사장의 책임으로 돌아온다. 가게를 오래 운영하다 보면 반쯤은 보살이나 수준급 연기자 버금가는 연기 실력도 갖추게 된다. 프로들이 조언하는 배달음식점에서 흔하게 일어나는 실수 대처 방법 알아보자.

다른 메뉴가 배송 가는 경우

주문한 음식을 최소 30분에서 1시간 정도 기다린 고객은 정말 화가 날 수밖에 없다. 컴플레인이 걸리면 빠르게 음식을 새로 배달하거나 음식값을 환불해줘야 한다. 그래도 고객의 화가 안 풀린다면 환불해주고 더해서 다음에 주문한 음식을 무료로 제공하면 웬만큼 해결된다. 이런 때는 꼭 전화로 목소리를 들으며 해결하자.

실수로 음식이나 리뷰 이벤트 품목을 빠뜨리는 경우

직원들이 가장 흔히 하는 실수이다. 음료수나 사이드 메뉴, 리뷰 이벤트 품목을 빠뜨리는 일은 비일비재하다. 이 경우 일단 고객에게 사과하고 다음에 주문하면 이번에 실수로 빠진 품목과 서비스를 추가로 제공하겠다고 약속한다. 그래도 고객의 화가 풀리지 않는다면 빠진 품목을 빠르게 배달해주는 것이 상책이다. 금액을 할인해주거나 환불해주는 것이 좋다. 손해를 감수해야 더 큰 이익이 돌아온다.

배달기사가 다른 고객의 음식을 들고 간 경우

최대한 빨리 배달기사에게 전화를 걸어 조치해야 한다. 대부분 다른 주문과 겹칠 때 이런 실수가 일어나서 몇 분 안에 상황이 파악된다. 배달기사가 음식을 가져갈 때 업주나 직원이 배송지와 메뉴를 확인한 뒤 내보내야 실수를 줄일 수 있다.

숟가락 등 일회용품을 빠뜨리는 경우

고객에게 전화가 오는 경우 과도하다 싶게 사과해야 한다. 심한 고객은 숟가락이나 젓가락을 빠르게 배송해달라고 한다. 반박할 수 없는 가게의 실수이므로 배달료 3,800원을 지불하고라도 가져다줘야 한다. 빠진 일회용품 때문에 감정이 상해 환불해달라는 고객도 있으니 최선을 다해 응대해야 한다. 진짜 심한 경우에는 음식을 환불하겠다는 사람들도 있다. 이럴 때는 정말 멘탈이 크게 흔들릴 수 있으니 유의해야 한다.

음식이 배송 중 쏟아지는 경우

배송 중에 과속방지턱이나 코너를 돌 때 음식에 흔들림이 전달된다. 심한 경우 음식물이 쏟아지는 경우도 있다. 살짝 쏟아진 것에 불만을 품고 악플을 달거나 환불을 요구하기도 한다. 이럴 때 가게에서 포장이 어느 정도 완벽하게 이루어졌다면 배달기사의 실수일 경우가 있으니 시시비비를 잘 따져 배송업체에서 음식값의 일부를 보상받아야 한다.

이물질 들어가는 실수(벌레 등)

말이 필요 없다. 즉각 사과하고 환불 조치를 해야 한다.

품절된 메뉴 주문 들어오는 경우

깜빡하고 품절 메뉴를 주문받았다면 고객에게 전화를 걸어 다른 메뉴로 주문을 유도하거나 주문취소를 요청해야 한다. 배달앱 특성상 가게에서 주문을 취소하면 가게에 좋지 않은 영향을 끼친다. 이런 실수는 미연에 방지하자.

고객 요청사항을 실수로 빠뜨리는 경우

들어줄 수 없는 요청사항이 들어오는 경우 먼저 고객에게 전화를 걸어 사정을 설명하자. 가게의 상황을 이해시켜야 한다. 하지만 매장직원의 실수로 고객의 요청사항을 빠뜨리는 경우라면 전화를 걸어 빠르게 사과하는 것이 좋다.

배달음식점을 창업하면 바쁘든 바쁘지 않든 크고 작은 실수가 나오게 마련이다.

배송직원이 배송 중 음식을 떨어뜨리거나 빠뜨리는 경우

고객에게 정확한 상황을 설명하고 환불 처리를 진행해야 한다. 이후 배송업체와 원만히 협의하여 일부 혹은 전체 금액을 보상받는다.

배송직원이 다른 주소에 음식을 가져다준 경우

배달은 갔는데 고객이 음식이 아직 오지 않았다고 하면 정말 눈앞이 깜깜해지고 머리가 핑 돈다. 몇 번 경험하고 나면 어떤 상황인지 바로 파악되지만, 대부분 음식을 문 앞에 두고 가는 경우 동과 호수를 착각하여 이런 일이 발생한다. 빨리 알아차리면 음식을 다시 가져다주는 조치가 가능하지만, 어느 정도 시간이 지나면 사과와 보상까지 이루어져야 한다. 고객에게는 두말없이 처리해주고 배송업체에 협의하여 금액을 보상받아야 한다.

위와 같은 실수 외에도 예상치 못한 상황들이 발생한다. 이럴 때 절대로 흥분하지 말고 유연하게 대처하는 요령과 자세가 필요하다. 직원의 잦은 실수로 재배송이 계속되는 경우 직원에게 재배송비용을 일정 부분 부담하게 하여 책임을 지는 방법으로 실수를 줄일 수 있다. 그러나 직원이 불편하게 느끼는 경우 더 좋지 않은 관계가 될 수 있으니, 포장 부분의 시스템을 완벽하게 정리한 후 직원에게 부담을 전가해야 한다.

고객과 통화 시 실전 꿀팁!

무조건 환불해준다고 하지 않는다. 처음에는 다시 배송해드리겠다, 너무 죄송하다고 사과를 전한다. 그리고 시간이 40~50분 정도 걸린다고 말하면, 고객이 실망하거나 화를 낸다. 그럼 그때 가서 환불 이야기를 하는 것이 좋다. 고객에게 환불해주고 끝내겠다는 이미지를 남기지 않는 방법이다. 또한, 가게에서 환불 이야기를 먼저 꺼내면 고객은 환불받으려는 의도로 억지를 쓴다는 오해를 받고 있다고 생각한다. 이에 더 기분이 나빠질 수 있는 상황이 초래되므로 조심스럽게 환불 조치에 대한 확실한 명분을 갖춰야 한다.

PART 03

매출을 극대화하는 비법 공개

맛으로 승부를 거는 시대는 지났다. 배달 프랜차이즈의 확대로 맛은 상향 평준화되었다. 프랜차이즈든 개인이든 이제 차별화된 맛만 믿고 손 놓고 있으면 배달시장에서 점차 밀려날 수밖에 없다. 홍보 및 고객 리뷰, 위생과 배달까지 세세한 관리가 뒷받침되어야 고객이 믿고 찾는 업체가 된다. 그러므로 소비자의 마음을 사로잡고 신뢰를 얻는 영업전략을 세우자. 그 관리 비법을 지금 공개한다.

Chapter 01

매출은 마케팅에서 시작된다

기업 컨설팅 전문가는 모든 기업은 혁신기업과 마케팅기업 단 두 가지로 나뉜다고 말한다. 아이폰, 아마존, 우버, 카카오, 네이버 같은 혁신기업과 어떤 제품을 판매해야만 수익이 생기는 마케팅기업이다. 10평짜리 작은 배달형매장도 마찬가지다.

나는 10년 동안 직영점을 운영하고 프랜차이즈사업을 했지만 단 한 번도 소상공인이라 생각해본 적이 없다. 기업가이자 경영자로 최대의 매출을 끌어 올리는 데 집중했다. 사업을 확장하고 다른 이들의 본보기로 성장하기 위해 동력을 끌어올렸다. 메뉴 하나하나에 책임지고 매장 운영과 마케팅에도 최선을 다했다. 이제는 음식점이 맛으로만 승부내는 시대는 지났다. 물론 오래된 맛집은 서비스가 좀 불편하거나 위생 상태가 좋지 않아도 장사가 잘된다. 그들과 절대 비교하지 말자. 선조가 전수해준 비법을 사용하지만 그들도 영원하지 않다. 그렇다면 우리는 무엇을 추구하고 노력해야 할까?

가장 중요한 한 가지는 마케팅이다. 배달창업은 비교적 나이가 어린 연령대의 창업 성공률이 높다. 역동적인 마케팅을 펼칠 수 있기 때문이다. 홀 매장일 경우 블로그 상위 노출, 인스타그램, 페이스북, 네이버 카페, 카카오톡 등의 마케팅이 필요하다면 배달업의 경우 앱 자체에서도 남들과 차별화되는 연구가 끊임없이 요구된다.

마케팅의 출발점은 상권분석이다. 우선 상권이 선정되면 그 범위 안에 거주하는 사람들의 인구비율(회사, 1인 상권, 주거상권, 복합상권 등)과 경제적 상황, 소비성향, 잘되는 음식점 등 철저한 시장조사가 이뤄져야 한다. 시장에 맞는 정확한 아이템을 찾는 것 자체가 마케팅의 시작이다.

물론 자신이 할 수 있는 아이템을 먼저 선정하고 거기에 맞는 상권(잘될 만한 곳)을 찾는 경우도 있다. 아이템과 상권이 정해지면 배달앱(배달의민족, 요기요, 쿠팡이츠 등) 활용방법을 습득해야 한다. 특히 내가 판매하고자 하는 아이템뿐 아니라 모든 영역의 맛집 랭킹이나 리뷰가 많고 주문이 많은 상위 업체 3~5곳 정도의 관찰이 필요하다.

배달팁은 얼마인지, 쿠폰은 어떻게 사용하는지, 고객 후기에 대한 응대는 어떻게 하는지 등 자신이 경험하지 못한 일들을 세심하게 점검해야 한다. '대충 이렇게 진행되겠지, 친절하게 하면 되지, 맛으로 승부를 낼 거야, 젊은 사람들이 많이 사니까 새로운 음식이 좋을 거야.'라는 등 주먹구구식 영업 접근은 위험하다. 매출 관련 정보를 막연하게 생각하고 전략이 모호한 상태에서 창업해서는 안 된다. 시장조사는 기본적으로 이루어져야 하며 동일한 아이템의 경우 경쟁업체의 메뉴를 시식해보는 것도 필수이다. 떡볶이집을 하겠다면 그 지역의 상위 3~5개 업체의 떡볶이를 먹어보는 것은 당연하다.

시장에 맞는 정확한 아이템을 찾는 것 자체가 마케팅의 시작이다.

창업하면 정말 할 일이 많아진다. 이일 저일에 치여 수많은 마케팅 방법을 혼자 감당해낼 자신감도 떨어지고, 고민하다 시작도 하지 못한 채 포기하기도 한다. 그만큼 외식업으로 성공하기란 쉽지 않다. 모든 성공에는 고통이 따른다. 고통을 회피하거나 느슨하고 안일하게 임한다면 투자금을 잃고 빈손으로 문을 닫아야 하는 상황에 몰린다. 하지만 매일 각오를 다지고 정말 열심히 매달린다면 직장생활보다 훨씬 더 많은 것을 누릴 수 있다.

짧게는 3개월, 최소 6개월 이상 꾸준히 마케팅을 잘해준다면 가게가 안정되고 좀 더 여유롭게 직원을 두고 자신의 삶을 누릴 수 있다. 잘 참고 악착같이 공부하고 조사하고 실행하기를 진심으로 바란다.

Chapter 02

배달 상권을 분석하면 답이 보인다

배달전문점으로 성공하기 위해서는 필수적으로 상권을 조사할 줄 알아야 한다. 오픈하고자 하는 지역의 주변 상권과 아파트 단지, 거주하는 세대들의 특성, 오피스텔이라면 사무실의 규모와 근무하는 사람들의 소비수준, 또 원룸촌이 많다면 연령층은 어떤지, 대체로 직업은 무엇인지 주도면밀한 조사가 이루어져야 향후 고객에게 맞는 마케팅 공략이 가능해진다.

▶배달전문점 창업의 과정

A. 아이템이 정해진 상태에서 상권을 찾아야 하는 경우

B. 상권이 정해진 상태에서 아이템을 선정하는 경우

창업하는 조건이 A의 경우인지 B의 경우인지에 따라 상권 조사 방법도 달라져야 한다.

먼저, A처럼 아이템이 정해진 상태에서 상권을 찾는 경우를 살펴보자. 서울에서 가장 배달이 치열한 곳은 강남, 신림, 목동, 송파이다. 대전에는 유성구, 수원에는 병점 등 배달영업이 유난히 활성화된 지역이 있다. 아이템이 신선하고 지금 막 유행이 시작되며 뜨고 있는 브랜드라면 무조건 이 지역을 선점해야 한다. 먼저 오픈할수록 유리하다.

요즘 가장 핫한 떡볶이 브랜드를 유행하자마자 메인지역에 차려서 창업비용 4,000만 원으로 한 달에 2,000만 원 이상 수익을 내는 지인이 있다. 전형적으로 아이템 선정 후 거기에 맞는 상권을 찾는 방법으로 성공한 사례이다. 좋은 아이템을 찾아 오픈하더라도 배달업의 특성상 본인이 거주하고 있는 지역에서 차로 30분 이상 떨어지면 장기적 운영이 어렵다.

배달형매장의 경우는 직원에게 전적으로 맡기는 운영을 피해야 한다. 사장이 최선을 다해 운영할 때 안정적으로 빨리 자리를 잡을 수 있다. 직원들은 절대 고객과 소통하려 하지 않는다. 이것은 사장이 해야 할 중요한 일이다. 그러므로 아주 좋은 아이템을 찾았다면 거주지 이주도 고려해야 한다.

상권을 정했다면 [사진 2-1]처럼 그 지역에 대한 분석과 이해는 필수이다. 어디서 어떻게 알아봐야 하나 고민될 때는 '소상공인진흥원 상권분석시스템'을 활용하자. 사이트에 접속한 뒤 가입만 하면 무료로 상세분석 자료까지 얻을 수 있다. 로그인하면 원형으로 [사진 2-2]와 같이 2km 반경을 설정해 디테일한 상권분석이 가능하다. 신림의 '호랑이혼밥대령'을 기준으로 분석한 자료를 살펴보자.

[사진 2-1] 정확한 주소를 입력해야 반경으로 상권분석이 가능하다.

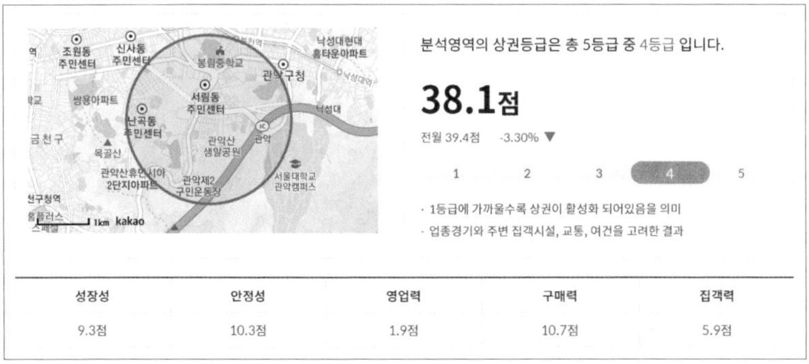

[사진 2-2] 떡볶이 전문점을 임의로 선택 후 1.5km 이내의 상권 종합평가

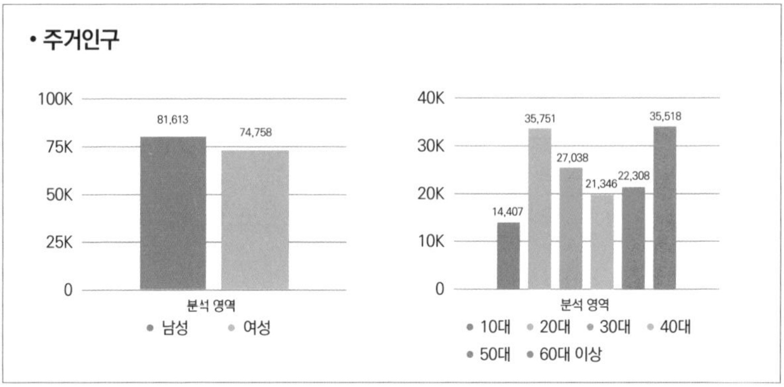

[사진 2-3] 주거인구분석_60대 이상의 인구도 많지만 20, 30대가 주를 이루고 있다.

단지규모 및 면적별 현황

구분		~300세대	300 ~ 500세대	500 ~ 1,000세대	1,000 ~ 1,500세대	1,500 ~ 2,000세대	2,000 세대 이상
단지 규모	계	45	2	8	1	1	0
	비율	78.9%	3.5%	14.0%	1.8%	1.8%	0.0%

구분		66㎡ 미만	66㎡ 대	99㎡ 대	132㎡ 대	165㎡ 이상
단지 규모	계	7,328	4,393	1,228	0	0
	비율	56.6%	33.9%	9.5%	0.0%	0.0%

구분		1억 미만	1억 대	2억 대	3억 대	4억 대	5억 대	6억 대
단지 규모	계	3,128	1,246	3,734	3,515	1,181	145	0
	비율	24.2%	9.6%	28.8%	27.1%	9.1%	1.1%	0.0%

[사진 2-4] 대부분 소형 아파트와 원룸촌으로 이루어져 평수가 작고 세대 구성인원도 적다.

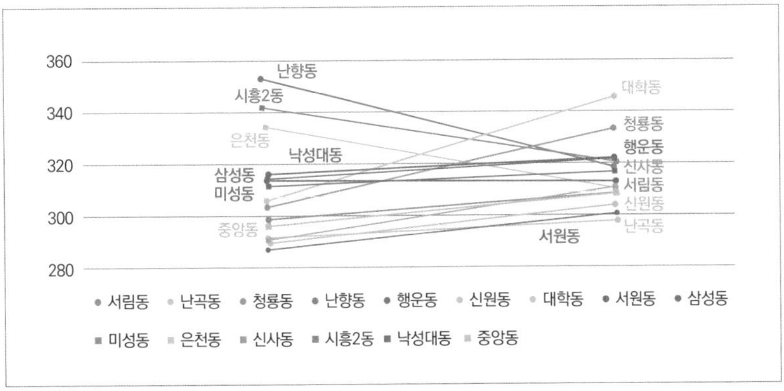

[사진 2-5] 주거인구와 직장인구의 비교_상대적으로 어느 지역의 인구가 더 많은지도 보여준다.

아파트 단지가 많은 경우 [사진 2-3], [사진 2-4], [사진 2-5]와 같은 방법으로 세대수를 파악해 종이에 직접 그려보자. 주택가도 마찬가지로 동네마다 대략적인 세대수와 인구수를 파악해 공략하려면 상권을 분석해야 한다.

다음으로 B의 상황처럼 상권이 정해진 상태에서 아이템을 선정하는 경우를 살펴보자. 우선, 주변 상권에서 가장 잘되는 배달전문점에 대한 조사가 필요하다. 당장 배달의민족을 열고 그 지역의 카테고리별로 입점해 있는 업체의 주문 수와 리뷰 수, 맛집 랭킹을 조사해보자. 그 상권에서 어느 아이템이 비교적 잘되는지, 어느 가격대의 아이템들이 잘 판매되는지 쉽게 비교할 수 있다. 그런 다음 선별한 가게를 실제로 방문해 눈으로 보는 것도 도움이 된다. 향후 경쟁 관계가 될 수밖에 없는 업체를 모니터로 보는 것과 현장에서 배달 오토바이가 오가는 것을 직접 보는 것은 완전히 다르다.

그런 다음 선별한 가게들보다 다른 지역에서 더 잘되는 아이템을 찾자. 예상 매출을 기대해보는 방법도 유용하다. 다른 지역에서 A라는 유명브랜드보다 B라는 신규브랜드가 더 잘되고 있다면 그 상권에 B라는 브랜드를 빨리 오픈해야 한다.

영업 성공의 반은 자신감에 달려 있다. 장사를 잘할 수 있다는 확신으로 창업을 준비해야 한다. 반신반의하거나 잘될까 하는 의구심을 갖고 시작한다면 틀림없이 성공하지 못한다. 이런 마음가짐으로는 최선의 노력에 최상의 결과를 기대할 수 없다. 차라리 다른 일을 시작하라. 인생의 승부를 걸고 싶은데 경험이 없다면 배달전문점에서 최소 1개월 이상 일을 해보라고 권하고 싶다. 직접 체험이 가장 빠른 배움이다.

Chapter 03

깃발을 꽂아 영역을 표시하라

깃발은 자기 가게의 영역표시와 같다. 자신이 깃발을 꽂은 범위 안에서 배달이 집중 상권으로 형성되기 때문이다. 우선, 깃발을 어디에 어떻게 꽂을지 고민이 될 때는 일단 카카오 맵에 들어가자. 가게가 입점할 주소를 입력하면 [사진 3-1]에서 보는 것처럼 지도상 내 점포의 위치가 정확히 보인다.

카카오 맵을 띄우면 화면 오른쪽에 세로로 창이 뜬다. '반경 재기'를 클릭한 뒤 상가 위치에서 드래그하면 [사진 3-2]처럼 분홍색으로 반경이 표시된다. 반경 1.5km가 될 때까지 드래그하자. 다시 왼쪽 마우스 버튼 클릭 후 오른쪽 마우스를 클릭하면 아래와 같이 정확히 1.5km 반경만 남는다.

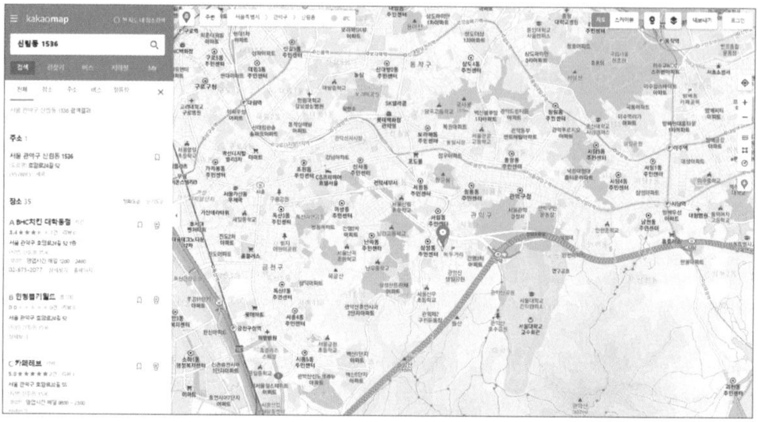

[사진 3-1] 지도상 내 점포 위치

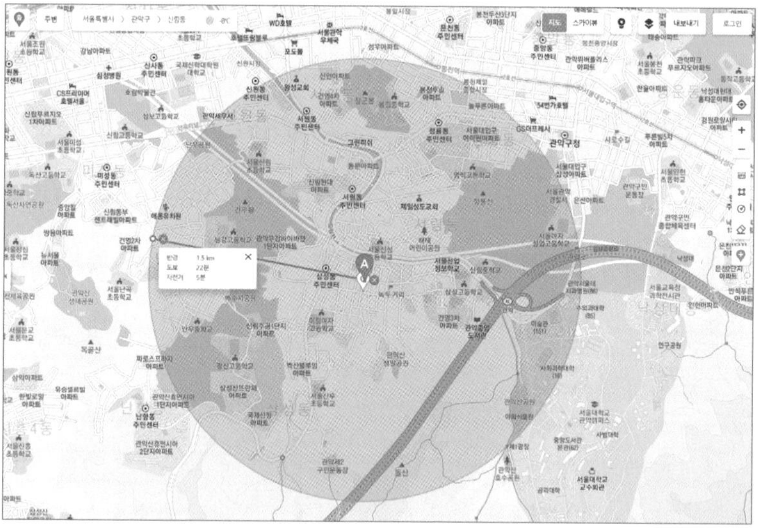

[사진 3-2] 반경재기를 클릭해서 반경을 표시한다.

처음 창업하는 경우 거리상 가까운 거리인 1.5km 이내 상권을 집중적으로 공략해야 유리하다. 배달은 속도전이다. 조리된 음식이 빠르게 배달되어야 메뉴의 맛을 제대로 전달할 수 있다. 매장이 주문지역과 가까울수록 고객만족도가 높아진다. 거리가 먼 경우 배달비 또한 높아진다.

다음으로 배달을 하고자 하는 지역의 섹터를 나눠 봐야 한다. 그래야 나중에 깃발의 효율성을 따져보고 효율이 떨어지는 지역은 깃발을 다른 지역으로 이동시킬 수 있다.

우선, 면적 재기에서 왼쪽 마우스로 클릭한다. 내 가게 주변을 최대한 사각형이 될 수 있도록 왼쪽 마우스를 연속으로 클릭하자. [사진 3-4]처럼 섹터를 나눈 후 오른쪽 마우스를 클릭하면 섹터가 완성된다. 1.5km 반경 내에 다른 지역도 2번과 같이 나눠서 공략하는 지역을 상업지역, 오피스텔, 주택, 아파트 등으로 분석하자.

다음은 깃발을 꽂을 지역을 선택해야 한다. 반경 500m보다는 300m로 좀 더 촘촘하게 공략해야 화면 노출에 유리하다.

① 왼쪽 마우스 버튼으로 반경 버튼을 누르고

② 왼쪽 마우스 버튼을 눌러서 내가게 근처 위치를 클릭

③ 반경 300m가 되면 다시 왼쪽 마우스 버튼 클릭 후

④ 오른쪽 마우스를 클릭하면 아래와 같이 정확히 300m 반경만 남게 된다.

⑤ 4번과 같이 최대한 공백이 없도록 원을 그려준다.

[사진 3-3]처럼 지도상으로 신림지역 11개의 깃발을 초반에 설치한다. 참고로 지도의 오른쪽과 같이 300m 반경 내 원의 교집합이 생기지 않는 것보다 [사진 3-4]와 같이 교집합이 생기게 하는 것이 고객들에게 좀 더 많이 노출된다. 초반에는 교집합을 만들어주어야 좋다.

시각적으로 많은 노출은 홍보 효과를 높인다. 초반 깃발은 지역에 따라 더 좁은 반경에서(1km) 더 촘촘하게 깃발을 꽂을 수 있다. 3개월 정도 배달 매출이 자리가 잡히면 섹터를 1.5km 반경에서 좀 더 넓혀 많은 신규고객을 확보하자. 단, 이때는 배달대행업체의 사정과 배달비를 반드시 고려해야 한다.

브랜드를 한식, 찜탕 등 카테고리에 분산시켜서 깃발을 꽂기보다 하나의 카테고리에서 집중해서 깃발 작업을 해야 장기적 관점에서 유리하다. 깃발의 효율이 나지 않으면 짧게는 1주나 2주 만에 깃발을 이동하지만 최소 3주 이상 지켜보고 그래도 주문이 안 나올 경우 깃발을 이동하는 것이 좋다. 깃발 이동은 배달주문이 많이 몰리는 금, 토, 일

시장에 맞는 정확한 아이템을 찾는 것 자체가 마케팅의 시작이다.

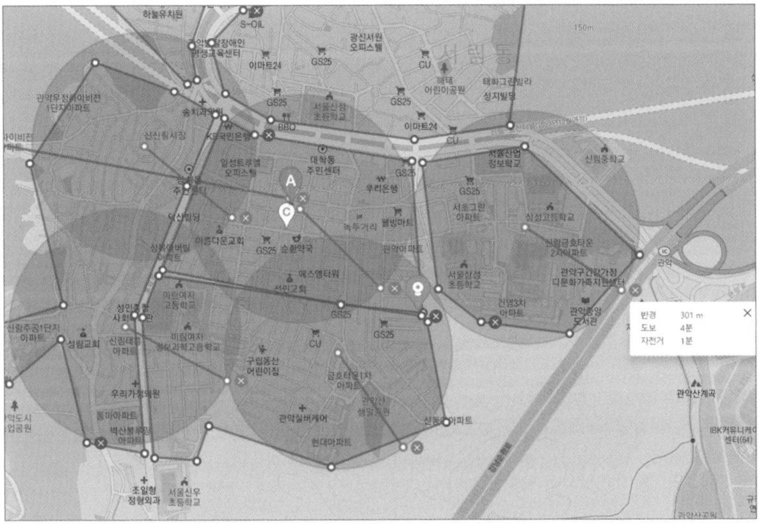

[사진 3-3] 지도상에 깃발 꽂기

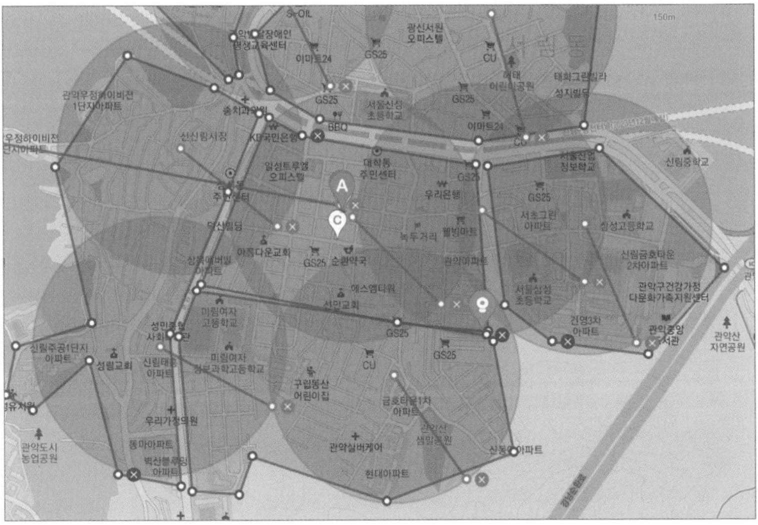

[사진 3-4] 고객들에게 많이 노출될 수 있도록 교집합이 많이 생기게 한다.

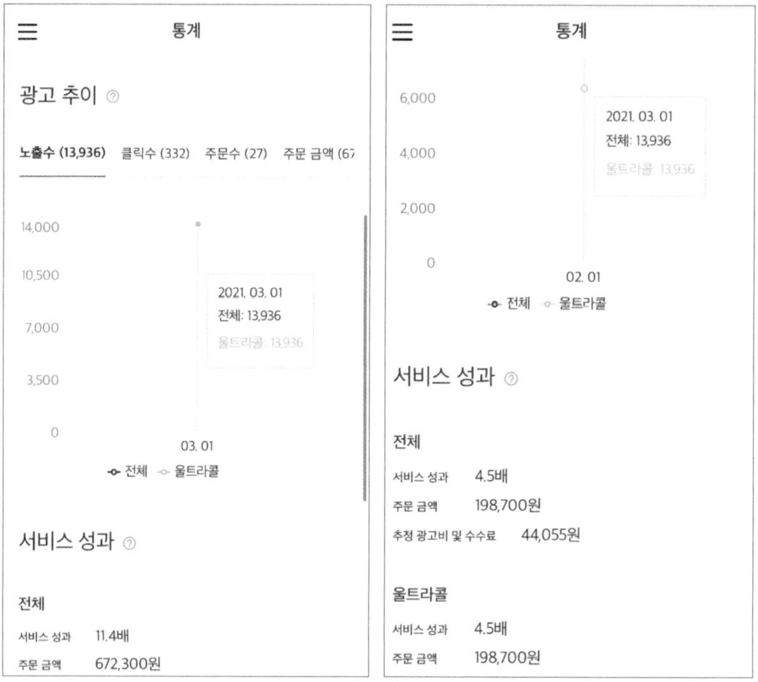

[사진 3-5] 2021년 2월 1일과 3월 1일의 깃발 서비스 성과 차이

을 공략하기 위해 금요일 오전에 바꿔야 한다.

깃발 위치 선정은 바로 매출과 직결된다. 꾸준한 노력으로 최대한의 서비스 성과가 나오는 곳을 찾아내야 한다. [사진 3-5]의 자료에서도 볼 수 있듯 동일한 광고비를 들였을 때 서비스 성과가 11.4배와 4.5배로 큰 차이가 나는 것을 알 수 있다. 결국 동일한 광고비 88,000원을 사용하여 발생한 매출액이 지역에 따라 672,300원과 198,700원으로 큰 차이를 낸다.

Chapter 04

영업전략에는 눈속임도 포함된다

유명한 고사성어 중에 '지피지기知彼知己면 백전불태百戰不殆'라는 말이 있다. 적을 알고 나를 알면, 백 번을 싸워도 위태롭지 않다는 뜻이다. 현대에 이르러 이 말은 비단 전쟁뿐만이 아니라 타깃이 존재하는 사업 분야에도 동일하게 적용된다. 소자본 배달창업 역시 마찬가지다. 특히나 배달음식점을 처음 시작하는 초보창업자 혹은 외식업 경력은 있지만 배달판매 경험은 전무하고 배달창업 관련 지식이 없다면 더욱이 이 말을 가슴에 새겨야 한다.

비대면 서비스 분야가 급성장하고 인프라도 갖춰지고 있는 지금, 배달시장이 지속적으로 발전하리라 것은 자명하다. 이러한 상황을 직·간접적으로 느끼는 사업가는 발 빠르게 배달시장에 뛰어들고 있다. 하지만 그에 반해 관련 정보가 부족한 것도 사실이다. "구매해보지 않고서는 팔지도 말라."는 말은 장사에 있어서 기본적인 개념이다. 그런데 배달창업을 시작하는 분 중 배달앱을 통해서 주문을 해본 경험이 없는 사람이 의외로 많다. 가장 큰 문제가 바로 이 부분에서 발생한다. 모르면 배워야 하는데 배우고자 하는 열정이 타분야에 비해 그리 높지가 않다. 그 이유는 자신이 어느 정도 '알고 있다는 착각'에서 비롯되는 것이다. 홀형매장, 다시 말해서 오프라인 매장에 고객으로든 아니면 아르바이트로 일을 해보았든 직·간접적인 경험을 조금은 가지고 있다는 자만심으로 배달창업에도 이를 적용해보려는 경향을 보인다.

하지만 앞에서 언급했듯 홀형매장과 플랫폼을 통한 배달형매장은 음식을 판매한다는 공통점은 있으나 홍보하는 방식과 고객에게 선택되는 과정은 전혀 다르다. 예를 들어 핸드폰 케이스를 판매한다고 가정해보면 노점에서 잘 파는 능력과 네이버 스마트 스토어 등 온라인에서 파는 능력이 다른 것처럼 음식 판매도 마찬가지라는 것이다.

홀매장은 인테리어나 간판, 테이블, 조명, 소품 등의 외부적인 분위기와 정돈되고 위생적인 환경 등 공간적인 요소로써 콘셉트와 운영 철학을 나타낸다. 반면 배달창업으로 넘어오게 되면 이런 요소들은 배달앱상 나의 페이지 꾸밈 상태로 대체된다.

홀창업은 아무리 초보창업자라고 해도 외부적인 분위기와 자신만의 콘셉트를 갖기 위해 많은 시간과 비용을 들여가면서 준비하는 것이 당연하다. 이에 반해 배달형매장은 자신의 얼굴과도 같은 로고와 썸네일을 만들고 먹음직스럽고 통일성 있는 메뉴 사진을 준비하고 배너를 디자인하고 재치 있는 이벤트를 준비해야 한다. 하지만 플랫폼상 자신의 업소 정보를 보기 좋게 꾸미려는 노력이 덜 하고 들어가는 비용을 아까워하는 경향이 있다. 홀매장에 비해 10분의 1도 안 되는 금액인데도 그렇다.

다시 한번 말하지만 홀판매와 배달판매는 다른 종류의 창업이다. 음식만 맛있게 만들면 알아서 매출이 나와주는 그런 동일 창업이 아니라 투잡two job이라는 개념으로 접근해야 한다. 다만 한 공간에서 제품 즉, 음식을 만들어낼 수 있으니 편의성이 아주 좋은 괜찮은 투잡인 것이지

고객이 중요하게 생각하는 것은 최소주문 금액과 배달팁이다.

막연하게 홀장사의 연장 정도로 생각하면 안 된다. 그러므로 단언컨대 배달창업으로 성공하고자 한다면 '알고 있다는 함정'에서 벗어나 배달 판매 방식에 대해 처음부터 다시 배워야 한다. 죽도 밥도 되지 않는 그런 장사가 되지 않으려면 말이다.

이번에는 고객의 입장에서 구매과정을 생각해보자. 배달을 시키는 고객의 행동을 관찰하거나, 본인이 음식을 시킬 때, 혹은 친구들과 함께 배달을 시킬 때를 생각해보자. 일단 배달음식은 기본적으로 주문해도 빠르면 30분 보통은 1시간 정도까지 기다려야 한다고 여긴다. 특별한 것을 먹는 날은 다르지만 보통은 10분 안에 5~7개 업체를 비교해보고 음식을 주문하게 된다. 그때 배달앱에 들어가 고객이 처음 보는 것은 카테고리다. 많은 카테고리 중에 떡볶이가 먹고 싶어서 분식 카테고리에 들어갔다고 생각해보자(배민 기준). 우선 상단의 오픈리스트 광고 3곳의 썸네일을 볼 수 있고 밑에는 울트라콜 광고로 깃발이 꽂혀 있는 모든 경쟁업체를 볼 수 있다. 그중에 내 눈에 띄는 썸네일과 점포명을 통해 고객에게 선택받거나 혹은 뜨고 있는 브랜드를 운영 중이라면 클릭을 받을 확률이 높아진다.

추가로 바로 옆에서는 평점과 주문수를 볼 수 있다. 평점 4.9(100+) 대 4.4(30+) 같은 조건일 때 당연히 고객은 평점이 높은 4.9와 주문이 많은 (100+) 음식점을 선택하게 된다. 그래서 배달음식점은 초반 3개월의 운영이 정말 중요하다. 그 안에 평점이 4.8 아래로 떨어지고 신규마크가 사라지면 다시 평점을 높이고 매출을 높이기가 정말 쉽지 않다. 3개월 안에 무조건 4.8(100+) 이상 표시될 수 있도록 최선을 다해야 한다.

제목 옆에 표시되는 쿠폰, 포장, 신규 마크는 가능하다면 다 표시가 되도록 해야 한다. 배달이 너무 잘되어 포장 고객을 응대할 수 없는 정도가 아니라면 포장 마크도 넣어야 한다. 그런데 그것을 모르고 배달 장사를 하는 분들이 너무 많다.

또 고객이 정말 중요하게 생각하는 것이 최소주문 금액과 배달팁이다. 요즘 추세는 배달팁을 최소 1,000~5,000원으로 설정하는 것이 일반적이다. 무료배송비를 어필하는 매장도 상당히 많다. 예전에 한 온라인 쇼핑몰에서 재미있는 실험을 한 경우가 있었다.

"서로 가격을 비교할 수 없는 조건일 때 어느 쪽의 주문이 더 많았을까?"라는 실험이었다. 고객은 택배비가 무료인 쪽을 훨씬 더 많이 구

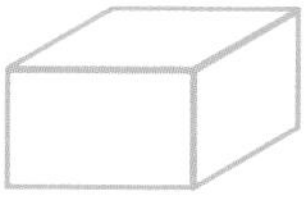

한 상자 20,000원
택배비 무료

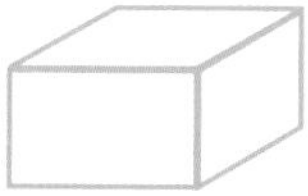

한 상자 17,000원
2,500원

매했다. 크리스 앤더슨의 책 《FREE》에도 비슷한 실험이 나온다.

A는 1,000원짜리 초콜릿을 200원에 팔고 B는 200원짜리 초콜릿을 100원에 동시에 팔았을 때 대부분 800원의 가치를 더 인정해 10명 중 9명이 A를 구매했다. A의 초콜릿을 다시 100원에 그리고 B의 초콜릿을 공짜로 나눠 줬을 때는 반대로 10명 중 8명이 B의 공짜 초콜릿을 선택했다. 재미있는 실험 결과가 아닌가?

이런 인간의 심리는 배달음식 주문에도 그대로 적용된다. 그래서 일부 잘되는 프랜차이즈는 음식값에 배달비를 녹여 최소주문 금액 일정액 이상이면 배달비를 공짜로 해주고 있다. 어설프게 배달비를 받고 주문을 덜 받을 바에 공짜 배달비를 미끼로 고객을 유도하는 전략이다.

특히 배달판매는 음식판매가격, 인건비, 최소주문 금액과 함께 자칫하면 많이 팔아도 수익이 안 나는 구조가 되기 쉽다. 객단가 15,000원 이하는 함부로 배달비 공짜전략을 쓰면 1억을 팔아도 손해 보는 최악의 상황을 맞이할 수 있다. 이 점에 유의해야 한다.

최소주문 금액의 원래 취지는 배달 전쟁으로부터 사장을 지켜주는 최소한의 방어장치였다. 김치찌개 7,500원짜리 하나 팔면서 배달비에 수수료까지 빼고 나면 정말 남는 것도 없기 때문이다. 최소주문 금액을 9,000원이나 10,000원으로 설정해놓으면 하다못해 고객이 만두라도 추가해서 먹을 수 있다. 그렇지만 지금은 경쟁이 너무 치열해 최소주문 금액을 3,000원부터 시작하는 가게들도 있다. 그래서 경쟁업체의 전략을 관찰하여 상대적 관점에서 접근해야 한다. 혼자만 비싸게 설정해놓는 경우 손해도 내 몫으로 돌아온다. 음식의 판매금액을 높이더라도 경쟁업체의 최소주문 금액이 낮다면 거기에 맞춰 낮게 설정하자.

고객이 관심을 가지고 클릭을 해서 들어왔다는 가정하에 처음 보는 것은 대부분 메뉴다. 인기메뉴가 어떤 것인지 자세한 설명과 가격, 퀄리티 높은 사진을 배치하는 것은 필수이다. 상단의 대표메뉴 6가지 외에도 아래 메뉴에 사진을 추가하는 기능이 생겼으므로 배달의민족, 요기요, 쿠팡에 최대한의 많은 사진과 정보를 유지해주는 것이 좋다.

위의 과정들은 정말 쉽지 않다. 어느 것 하나 대충하고 넘어갈 수 없는 긴장의 연속이다. 그런데 마지막 가장 중요하고 큰 관문이 남아 있다. 바로 고객의 최종 검증을 받아야 하는 리뷰이다. 사람들은 누구나 절대적으로 피해를 보지 않으려는 심리가 작용한다. 그래서 다른 사람의 리뷰를 먼저 읽어보는 경향이 있다. 이 음식에 대한 평가가 어떤지, 정말 맛있다고 칭찬을 하는지 등을 살펴보는 것이다. 고객 리뷰의 중요성이 바로 여기에 있다. 배달가게를 운영한다면 정말 공감할 부분이다. 별 하나짜리 리뷰가 달리면 그게 아래쪽으로 내려가기 전까지 주문이 줄어든다.

고객은 리뷰에 민감하며 다른 사람의 의견을 면밀하게 따진다는 증거이다. 리뷰 관리는 배달업의 성패를 좌우하는 핵심이 된다.

Chapter 05

맛집 랭킹에 오르면 매출은 덩달아 오른다

맛집 랭킹은 배달의민족만의 알고리즘을 통해 카테고리별로 상위 20위 매장을 노출 시켜준다. 고객 측면에서는 검증된 곳에서 주문하고 싶은 심리가 있다. 보장된 맛과 서비스를 기대하는 것이다. 그래서 우선 맛집 랭킹부터 검색하는 고객이 많다. 배달음식점을 운영 중이거나 창업을 준비한다면 맛집 랭킹의 기준이 궁금할 수밖에 없다. 어떻게 하면 들어갈 수 있는지, 누가 어떤 방법으로 평가하는지, 평가 기준은 무엇인지 등 공개되지 않은 조건을 알고 싶어 한다. 매출과 직접 연관되는 일이고, 그만큼 맛은 물론이고 친절과 서비스 면에서 인정을 받는 일이니 당연히 랭킹에 오르고 싶은 것이다.

내 경험을 증언하자면 맛집 랭킹 5위 안에 들면서 매출이 20% 이상 상승했다. 또 맛집 랭킹 1위와 나머지 등수는 생각보다 엄청난 매출 차이가 있었다. 우리 가게의 경우 오픈 두 달 만에 전국에서 배달 상권 중 가장 치열한 신림의 한식 카테고리 맛집 랭킹 3위를 했다. 그리고 석 달이 채 되지 않는 시점에서 맛집 랭킹 1위를 달성했다. 그렇기에 3위와 1위의 주문 수 차이가 엄청나다는 것을 몸소 체험할 수 있었다.

[사진 5-1] 맛집 랭킹을 클릭했을 때 첫 화면에 보이는 랭킹에 들어가야 유리하다.

[사진 5-1]의 맛집 랭킹에 관한 알고리즘은 사실상 배달의민족만이 알고 있다. 하지만 고객센터를 통해 들은 기본적인 내용과 두 달 만에 1등을 차지했던 노하우로 랭킹에 오르는 중요도를 순서대로 정리해 본다.

먼저, 오픈하는 시점에서 맛집 랭킹 1위, 10평 매장에서 하루 300만 원의 매출로 목표를 정했다. 시작하는 시점에서 겁없이 정한 목표였다. 결과적으로 그것을 단기간에 이뤄낼 수 있었으며, 맛집 랭킹에 관해서도 우리가 예상했던 기준이 맞았다는 것을 알 수 있었다.

매출과 주문 수

주문 수가 많으면 당연히 매출이 높아진다. 매출이 많아지려면 주문 수가 계속 늘어나야 한다. 그래서 두 단어는 사실상 하나의 의미로 봐도 무방하다.

배달의민족이 축구 감독이라고 생각해보자. 선발로 어떤 선수를 뽑아서 내보내야 승리할 수 있을까? 당연히 공격수는 골을 많이 넣고 수비수는 수비를 잘해야 팀이 승리할 수 있으니 잘하는 선수들을 기용할 수밖에 없다. 즉, 배달의민족 측에서는 맛집 랭킹에 올렸을 때 잘 팔릴 만한 선수들을 내보내야 매출이 오르고 팀 이미지도 좋아진다는 말이다.

어느 분야 카테고리를 분석해 랭킹을 산정하든지 이 단순한 기본 메커니즘은 똑같이 적용된다. 그 외에 다른 방법이 없다. 잘 뛰는 선수를 고용해야 이긴다는 원리를 너무도 잘 알고 있기 때문이다. 그래서 지역이나 상권마다 차이는 있지만, 객단가 20,000원 이상은 최소 하루 50콜 이상, 객단가 10,000원 이하는 하루 100콜 이상 주문되어야 한다. 그래야만 배달의민족 측에서 주목한다.

"아, 이 점포 잘 뛰네. 나에게도 돈을 벌어다 주겠군."이라고 인정하면 맛집 랭킹에 오를 기준에 들어간다. 객단가의 차이가 가게마다, 메뉴마다 다르므로 초기에는 매출을 최대한 끌어 올리는 데 집중하자. 매출액은 같은 업종 다른 가게와 상대평가 된다는 사실을 기억해야 한다. 우리가 신림에서 맛집 랭킹 1위를 기록한 시점의 매출을 생각하면 평일 200~220만 원, 주말 260~300만 원 정도의 매출을 올렸다. 월 매출은 2020년 11월 기준 10평에서 7,300만 원을 팔았더니 맛집 랭킹 1위가 됐다.

리뷰 수

리뷰 수는 맛집 랭킹뿐 아니라 고객 주문과 밀접한 관계가 있다. 특히 신규고객에게 상당한 영향을 끼친다. 그러므로 매출이 저조하거나 매출액이 어느 부분에서 늘어나지 않는다면 리뷰 수를 늘리기에 집중하자. [사진 5-2]에서 보는 것처럼 우리 가게가 맛집 랭킹 1위 당시 한 달 기준 936개의 고객 리뷰를 유도했다. 리뷰 이벤트를 신청하지 않은 고객에게도 리뷰 상품

[사진 5-2] 11월 24시간 운영기준 936개

을 나눠 주는 전략을 펼쳤다. 이는 선심이 아니었다. 일단 가게가 워낙 바빴기 때문에 리뷰 이벤트를 하나하나 체크하는 번거로움을 없애 실수를 줄이고 직원 피로도를 낮추자는 목적이었다. 또한, 리뷰 이벤트를 신청하지 않는 고객에게도 서비스상품을 제공해 작은 감동을 통한 부가적인 고객 리뷰를 상당히 많이 얻을 수 있었다.

가게를 오픈해도 처음에는 아무도 알아주지 않는다. 직접 발로 뛰는 데도 한계가 있다. 이때 매출과 리뷰 수를 점차 늘려가는 방법을 선택해야 한다. 갑자기 가게가 바빠지면 실수가 일어나 평점을 낮추게 될 우려가 있다. 안 좋은 평가는 즉각적으로 가게에 악영향을 끼친다. 리뷰 관리는 고객관리이다. 고객이 매출을 거머쥐고 있다는 점도 잊지 말자. 그러므로 고객이 기억해주고, 찾아주기를 기다리지 말고 바로 리뷰 이벤트를 시행해야 한다.

재주문율

앱에서 배달의민족 장부를 설치하면 재주문율을 받아볼 수 있다. 재주문율을 다른 말로 하면 '단골 고객'이다. 단골 주문 고객이 50% 이상이라면 맛집 랭킹에 들어갈 확률이 높다. 단골이 많은 가게가 지속적으로 이익을 창출하는 점포라고 인식하고, 더 노출될 수 있도록 맛집 랭킹이 아니라도 기타 노출에라도 올린다. 재주문율을 높이는 방법은 간단하다. 첫째, 상품이 좋아야 하고 둘째, 합리적인 가격이어야 하고 셋째, 배달비도 적당해야 한다. 단, 이 조건은 점주가 아니라 고객이 판단하는 기준에서 적용된다는 점을 기억하자. 그래야만 고객에게 꾸준히 사랑받을 수 있다.

주문취소율

11월 맛집 랭킹 1위를 하고 나니까 정말 쉴새 없이 주문이 들어왔다. 직원이 부족한 상태에서 들어오는 주문을 다 감당하지 못했다. 주문을 계속 취소할 수밖에 없었다. 어느 하루는 직원 문제로 인해 24시간 동안 영업을 못 했다. 가게를 24시간 운영에서 12시간 체제로 변경한 가장 큰 이유는 주문취소율이었다. 그랬더니 매출과 고객 리뷰는 그대로인 상황에서도 맛집 랭킹에서 3위로 밀려났다. 결과적으로 주

맛집 랭킹 1위에 오르면 쉴 새 없이 주문이 들어오는 건 당연하다.

문취소율이 맛집 랭킹 순위와 영향이 있었다. 절대로 영업시간에는 주문을 취소하는 일이 없도록 해야 한다. 주문을 취소하느니 차라리 영업 종료를 조금 일찍해 더 이상 주문을 받지 않는 게 낫다.

사용자 평점

아주 기본적인 내용이다. 짧게 정리하면 평점 4.7 이하로 떨어지면 맛집 랭킹에 들어가는 것 자체가 불가능하다.

사장님 답글/영업시간

학교에 자주 빠지는 학생을 좋아하는 선생님은 아무도 없다. 숙제를 안 해오는 학생도 좋아하지 않는다. 비유에 대입하면 가게의 영업은 출석이요, 사장님 답글은 숙제다.

고객의 리뷰에 하나하나 답글을 달아주는 것이 보통 일은 아니다. 단순히 리뷰를 읽고 자기 의견을 간단하게 쓰면 되지만 매번 같은 말을 반복할 수도 없고 짧게 적으면 너무 성의 없어 보인다. 그러므로 모범답안을 적어두고 윗 두 줄 정도만 수정하여 붙여보자. 일반적으로 하루 5~10분 정도면 사장님이 직접 답글을 작성할 수 있다. 우리 가게는 하루 최대 45개의 리뷰가 달렸다. 여기에 답글을 달아주는 시간은 20분 정도밖에 걸리지 않았다. 영업시간이 정해지면 그에 맞춰 쉬는 날 없이 운영해야 한다. 하루 14시간 이상 운영하는 것이 좋은 평가를 받을 수 있다.

랭킹에 영향을 주는 요소는 위에 언급한 것 외에도 경쟁하는 카테고리 분석을 통해 24시간 운영, 기존 맛집 랭킹 상위 매장이 장사하지 않는 시간대를 공략했다. 경쟁업체가 영업을 종료한 새벽 2시~오전 9시였다. 또한, 가격을 분석해 같은 가격대에 좀 더 퀄리티 높은 음식을 제공했다. 이 전략이 주효했다고 본다.

배달의민족은 2km 반경의 맛집 랭킹 순위가 매주 1회 수요일마다 업데이트된다. 붙박이로 정해진 맛집은 없다. 신규 가게도 맛집 랭킹을 목표로 열심히 하다 보면 상위 랭킹에 오를 수 있다.

Chapter 06

고객 리뷰에 목숨을 걸어라

고객 리뷰는 매출과 가장 밀접하게 연결된다. 아무리 맛있어 보이는 음식 사진도 최종적으로 리뷰가 좋지 않다면 주문은 점차 줄어든다. 앞에서도 언급했듯이 고객들은 이미 검증된 맛있는 음식을 돈 내고 사 먹고 싶은 것이다. 주문 수, 리뷰 수, 찜 수, 사장님 댓글 수 등 모두 중요하지만 고객 리뷰의 힘이 가장 강력하다.

이제부터 고객 리뷰의 중요한 요소인 '리뷰 최신화 상태, 리뷰 수, 사장님 댓글, 고객 리뷰 내용' 4가지 부분을 구체적으로 살펴보자.

리뷰 최신화 상태

고객이 메뉴 선택과정을 마치고 리뷰를 클릭했을 때 가장 최근에 달린 고객 리뷰가 '그제'라고 표시가 되어있다고 하자. 고객이 볼 때 '어제는 아무도 주문하지 않은 음식점이네, 내가 믿고 먹어도 되는 걸까?'라는 합리적 의심이 든다. 그러므로 배달음식점은 최소 3개월 정도는 힘들어도 휴무 없이 영업해야 좋다. 하루 휴무하고 이틀 뒤 영업하면 주문이 그만큼 덜 들어온다. 장기적으로 주 1회 휴무가 이어지면 휴무일에 들어왔던 고객은 다시 우리 가게를 찾지 않을 확률이 높다. 또 고객이 저녁 시간에 주문할 때도 마찬가지다. [사진 6-1]에서 보는 것처럼 어제의 리뷰가 가장 최근의 리뷰이고 그것도 1개뿐이라면 웬만큼 모험심이 강하거나 꼭 그 음식을 먹기로 한 사람이 아니라면 쉽게 주문하지 않는다.

리뷰 수

카테고리에서 짧은 기간에 4.8(100+) 이상을 유지하면 좋다. (100+)을 만드는 것이 중요한데 리뷰 이벤트, 공격적인 마케팅, 지인 찬스를 통해 빨리 달성하자. 배달앱에 등록만 해놓고 나무에서 감 떨어지기만 바라

[사진 6-1] 어제의 리뷰가 가장 최근 리뷰

면 안 된다. 앱에는 중력이 작용하지 않아 감이 저절로 떨어지지 않는다. 어쩌다 감이 떨어지더라도 내 입에 떨어질 확률은 없다고 믿어야 한다.

[사진 6-2]의 두 가게 중 어떤 가게가 더 선택받을 확률이 높을까? (100+)와 (50+)은 주문 수에 많은 영향을 준다.

[사진 6-3]은 어떤가? 같은 (100+)이지만 평점이 4.3인 경우 주문받기란 쉽지 않다.

배달음식점의 치열한 전쟁터에서 살아남기 위해서는 절대적으로 4.8(100+) 이상이 되도록 관리해야 한다. 이것이 성공의 필수요소이다.

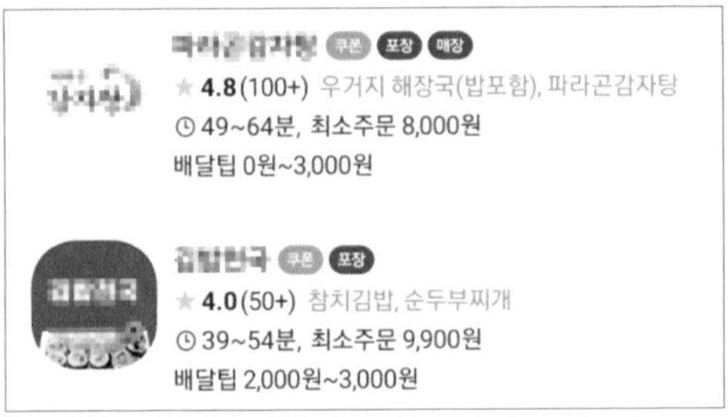

[사진 6-2] 평점으로 선택되는 가게 비교

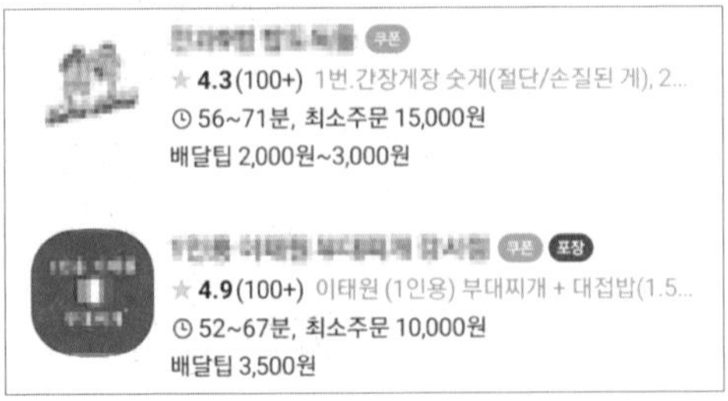

[사진 6-3] 선택받을 확률이 높은 가게 비교

[사진 6-4]의 상황도 마찬가지다. 같은 4.9점이라도 고객 리뷰가 많은 쪽이 선택받기 유리하다. 고객 리뷰는 '다다익선'이다.

사장님 댓글

고객 리뷰에 대한 사장님 댓글은 주문에 좋은 영향을 끼친다. 그뿐만 아니라 맛집 랭킹에도 영향을 준다. 힘들어도 매일 퇴근 시간 혹은 수시로 노트북을 켜서 댓글을 달아줘야 하는 이유이다. 일반 PC는 켜고 작동시키는 데 번거로워 댓글 다는 일을 미루게 될 수도 있고, 꼭 작성해야지 생각했다가도 눈앞에 다른 일이 생기면 잊어버리는 경우도 생긴다.

우리 가게는 11월 한 달 고객의 리뷰가 937개가 달렸다. 하루 평균 31건 정도 리뷰를 달아 주어야 했다. 누구는 그 많은 리뷰에 댓글 달면

[사진 6-4] 고객 리뷰로 선택받을 확률 비교

언제 장사하냐고 하는데 그건 오산이다. 동네에서 알아주는 맛집이라 댓글을 달지 않아도 주문이 척척 들어오는 가게라면 상관없지만, 그렇지 않다면 무조건 댓글을 달아야 한다. 그것이 고객 의견에 호응하는 방법이고 유대감을 쌓는 길이다.

기본적인 감사의 인사말이나 조금 특별해보이는 문구를 메모장에 입력해두자. 자주 내용을 바꿔주며 복사해서 위에 한두 줄만 빼고 붙여넣으면 시간은 얼마 걸리지 않는다. 별 4, 5개짜리 좋은 리뷰에 수정과 붙여넣기로 댓글을 달면 10개 다는 데 5분도 채 걸리지 않는다. 이것도 귀찮아 힘들다며 장사 끝나고 쉬어야지 언제 그런 것까지 관리하냐고 투덜댈 거라면 배달창업에는 뛰어들지 마라.

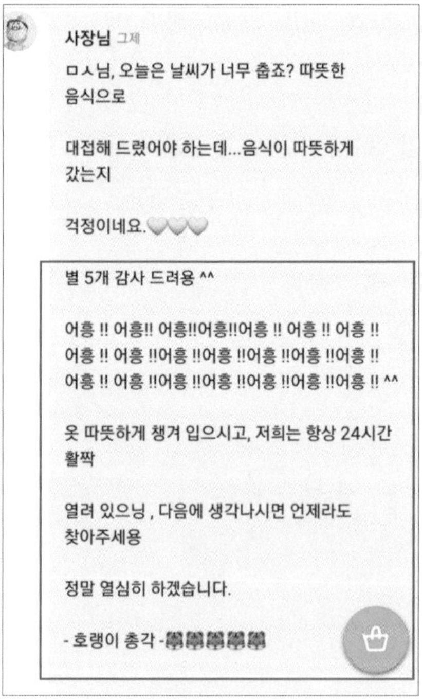

[사진 6-5] 사장님 댓글 다는 요령

[사진 6-5]에서 보는 것처럼 빨간색으로 표시된 "별 5개 감사드려용~"부터는 모두 공통으로 붙여넣기를 사용한 댓글이다.

댓글은 연인에게 메시지를 보낼 때보다 훨씬 더 귀여

운 말투와 예쁜 이모티콘을 사용하면 좋다. 과하다고 느껴질 정도로 작성해주자. 마지막에는 누가 이 댓글을 달았는지 밝혀줘야 한다. 한 사람이 댓글을 다는 것이 아닌 것처럼 2개, 3개의 인격을 만들어 달아주면 고객은 열심히 관리하고 있다는 느낌을 받는다.

고객 리뷰

이제 고객 리뷰의 별점과 내용이 중요하다는 것을 분명히 알았다. 그렇다면 좋은 별점과 내용을 받기 위해 어떤 노력을 기울일 수 있을까? '곱떡치떡'이라는 브랜드 예시를 보자. 노하우이지만 이렇게 공개하는 이유는 알려줘도 안 하는 사람들이 90% 이상이라고 확신하기 때문이다.

[사진 6-6] 사장님의 정성이 느껴지는 댓글

[사진 6-6]의 리뷰를 보면 사장님의 정성이 느껴지는가? 배달음식을 받아보면 이런 정성이 절대 과하지 않다는 것을 알 수 있다. 누구는 스티커나 포장

이 과하다고 얘기하지만, 음식을 받는 고객이라면 남다른 정성을 느낀다. 손글씨 편지와 스티커가 시선을 사로잡아 사진을 찍어 올리고 싶은 욕구를 만들어준다. 리뷰 이벤트 할 때도 이런 소소한 준비물들이 갖춰져 있으면 고객의 마음을 훔칠 수 있다.

고객 요청사항 점검하기

고객 중에는 간혹 자기만의 사정을 요청사항에 남기기도 한다. 이 경우 그냥 응대하는 것보다 눈에 잘 띄는 색으로 요청사항에 응대 표시를 해주자. 고객에게 작은 감동을 줄 수 있는 기회다. 짧은 답장이지만 고객에게 신뢰를 얻는 비결이다.

* 아기가 자고 있습니다. 문 앞에 놓고 문자 주시면 감사하겠습니다.
  -> 절대 벨 누르지 않고, 문도 두드리지 않을게용^^
* 강아지가 짖어요. 벨 누르지 마시고 문 앞에 놓고 문자 주세요.
  -> 조심할게요^^
* 도착 후 전화 주세요 -> 네^^
* 벨 절대 누르지 마세요 -> 넵! 절대 안 됨!! ^^

그리고 [사진 6-7]처럼 배달전문점은 영수증을 통해 고객과 소통을 할 수도 있다.

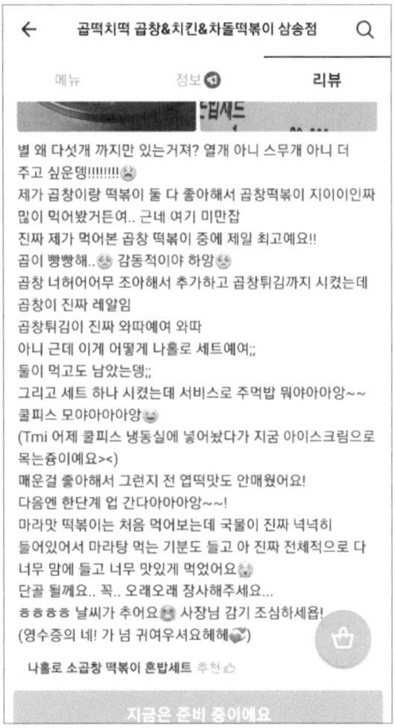

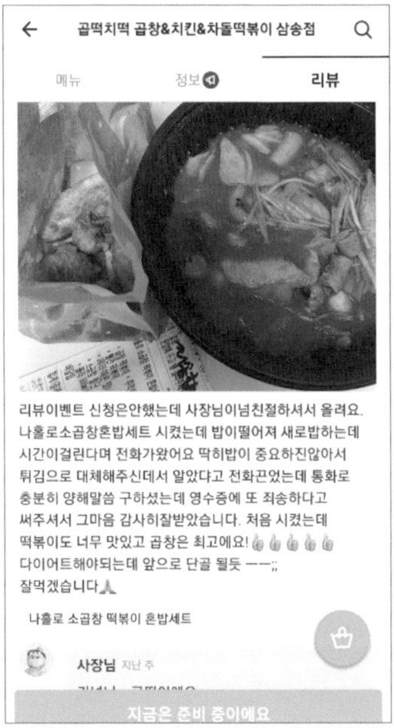

[사진 6-7] 영수증을 통해 고객과 소통하는 요령

고객이 악평 리뷰를 다는 이유

* 가격대비 음식의 질이 떨어질 때
* 음식이 맛이 없을 때
* 리뷰 이벤트 품목이나 음료, 일회용품이 빠져서 배달되었을 때
* 배달 시간이 너무 오래 걸렸을 때
* 예전 주문할 때와 맛이 변했을 때
* 포장 실수로 음식이 쏟아지거나 새어 나와 불쾌할 때
* 배달원이 불친절할 때
* 음식의 양이 적어 욕구가 충족되지 않을 때
* 주문한 것과 다른 메뉴가 왔을 때
* 요청사항이 처리되지 않았을 때

Chapter 07

두 배 효과 보는 리뷰 이벤트

배달주문 업체 간 경쟁이 심화되면서 고객에게 리뷰 이벤트는 이제 당연한 권리가 되었다. 일부 고객은 리뷰 이벤트 상품에 따라 주문하고 안 하고를 결정하기도 한다. 그만큼 매출에 끼치는 영향이 커서 리뷰 이벤트는 가게나 고객에게 민감한 사안이 되었다. 가게를 운영하는 측면에서는 비용이 추가되는 사항이라 부담이 될 수밖에 없다. 남들 다 주는데 안 줄 수도 없고, 그렇다고 주자니 원가가 올라가 결국 수익이 줄어드니 이러지도 저러지도 못하는 상황이 된다.

해결 방안은 두 가지다. 음식 원가에 리뷰 이벤트 상품 금액까지 포함해 수익구조를 맞출 것인지, 아니면 박리다매의 정신으로 많이 팔아 조금 남길 것인지 결단해야 한다. 외식업은 서비스업이므로 친절과 맛을 보장하는 것은 물론 고객의 심리적 만족까지 충족해주어야 최상의 결과로 이어진다. 주문해준 고객과 가게에 도움이 되는 리뷰를 달아준 일에 대한 고마움의 표시는 어쩌면 당연하다. 단지 리뷰 상품으로 제공하는 품목에도 주의를 기울여야 할 필요는 있다. 다른 가게에서 다 주는 캔 콜라나 사이다 등은 크게 매력이 드러나지 않는다. 같은 비용 혹은 더 적은 비용으로도 고객에게 좀 더 큰 감동을 줄 수 있는 비법을 찾자. 우리 가게만의 독특하고 참신한 아이디어를 돋보이게 하는 품목들이 있다.

리뷰 이벤트 구매 대상 조건

대량으로 구매하면 좀 더 저렴하게 살 수 있어야 한다. 300~700원 정도의 상품이 가장 적당하다.

리뷰 이벤트 추천 상품

KF94마스크, 고급 인스턴트커피, 쿨피스, 요구르트, 프레첼, 건빵, 버터링, 하리보(곰돌이젤리), 손난로 등

생각지도 못한 마스크가 들어 있거나, 내 돈으로 사 먹기는 조금 망설여졌던 고급 인스턴트커피, 매운 음식인 떡볶이나 닭발 같은 아이템은 음료보다 용량이 큰 쿨피스를 주는 것이 비용 대비 훨씬 더 좋은 이미지를 심어줄 수 있다. 저렴한 요구르트의 경우 1줄에 5개가 들어 있

는데 300원이 조금 넘는다. 캔 콜라 하나보다는 나눠서 먹을 수는 요구르트를 더욱 선호한다. 물론 주메뉴에 따라 차별화된 음료의 선택이 필요하다.

리뷰 이벤트 상품 금액대별 차별화

주문금액에 따라 이벤트 상품을 차별화해주는 방법도 있다. 예를 들어 6,800원짜리 음식을 시켰는데 500원짜리 리뷰 이벤트 상품을 주면 주문금액의 10%에 해당하는 상품을 제공하는 것이므로 가게는 수익을 보지 못한다. 따라서 주문금액에 맞춰서 이벤트 상품도 잘 설정해야 한다. 리뷰 이벤트 상품까지 포함해 제품원가율을 전체 주문 가격의 30% 초반에 맞출 수 있으면 더 바랄 것도 없다.

리뷰 이벤트 상품을 금액에 따라 차별화하면 주문의 객단가도 함께

리뷰 이벤트 상품을 금액에 따라 차별화하면 주문의 객단가도 함께 올라간다.

올라간다. 조금 더 주문하고 좋은 리뷰 상품을 받고 싶은 고객의 심리적 요인도 자극되기 때문이다. 그래서 리뷰 대상의 금액이 높아질수록 이벤트 상품을 매장에서 판매하고 있는 제품 중(가성비 좋은 메뉴) 더 좋은 상품으로 제공하거나 상품을 1개 더 넣어주는 방법으로도 고객을 만족시킬 수 있다.

리뷰 이벤트를 하면 가게에는 손해라는 생각이 앞선다. 그러나 효율적으로 고객에게 제공하는 이벤트 상품은 주문 수를 늘리고 매출이 오르는 것으로 돌아온다. 또한 리뷰 이벤트 상품을 받은 고객은 아주 음식이 마음에 들지 않거나 배달이 늦거나 쏟거나 하지 않는 이상 웬만하면 불평하는 일도 드물다.

신규 오픈 매장 리뷰 이벤트 전략

신규 오픈 매장이라면 리뷰 이벤트와 상관없이 상품을 제공하는 방법도 고려해보자. 특히 배달매장에 익숙지 않은 상황이라면 크고 작은 실수들이 일어나게 마련이다. 음식 문제, 포장 문제, 배송 문제 등이 생길 때 리뷰 이벤트 상품을 모두에게 제공하자. 악플이 달리거나 낮은 별점으로 가게 매출에 지장이 생기는 리스크를 줄일 수 있게 된다.

실제로 우리는 신림에 한식매장을 오픈하고 다른 가게와 차별화되는 리뷰 이벤트 품목으로 어떤 것이 좋을까 고민했다. 철저하게 한식을 주문하는 고객의 상황을 먼저 고려했다. 그들은 자신이 해먹기 곤

란한 음식을 맛보기 원한다는 결론을 얻었다. 그 결과 손이 많이 가지 않지만, 고객이 소량으로 해먹기 힘들고 어려워하는 잡채를 이벤트 상품으로 제공하게 되었다. 많은 양이 아니더라도 리뷰 이벤트 상품을 모두에게 제공한 결과 [사진 7-1]에서 보는 것처럼 우리는 3개월 만에 신림 맛집 랭킹 1위와 한 달에 900개가 넘는 리뷰를 받을 수 있었다. 다

[사진 7-1] 잡채 서비스에 대한 고객들의 리뷰 평가

른 가게와 차별화가 되는 이벤트 품목이 매출 상승으로 이어진 것이다.

이렇듯 고객이 원하겠다 싶은 이벤트 품목을 연구해보자. 스파게티를 판매하는 곳이라면 흔한 음료수 말고 오븐 스파게티나 치즈볼 등을, 닭발을 판매하는 곳이라면 닭똥집 튀김 같은 상품도 리뷰 이벤트로 제공할 수 있다. 매장에서 원가 대비 가격이 높은 메뉴를 제공하면 고객에게 크게 어필을 할 수 있다.

리뷰 이벤트 먹튀

배달매장을 운영하다 보면 '리뷰 이벤트 먹튀'도 적지 않다. 리뷰 이벤트를 참여해놓고 리뷰를 안 남기는 경우를 '먹튀'라고 한다. 리뷰 이벤트를 시행하려면 앞서 얘기했듯 이벤트 품목을 모두 제공한다는 가정하에 원가율을 산정하는 것이 좋다. 그래야 스트레스도 덜 받고, 오히려 두세 번 먹튀하던 고객도 계속 상품을 제공하면 좋은 리뷰를 달아준다.

Chapter 08

쿠폰 사용은 독인가 약인가

쿠폰을 사용하는 것이 좋을까? 아니면 사용하지 않는 것이 좋을까? 당연히 고객은 쿠폰을 제공하는 가게에서 주문할 확률이 훨씬 더 높다. 같은 프랜차이즈라도 지역이 겹쳐 배달구역에 동시에 노출되는 경우 쿠폰을 제공하는 점포의 주문 수가 더 높다. 하지만 판매단가가 낮다면 쿠폰제공을 신중하게 검토해야 한다.

앞에서 얘기했던 리뷰 이벤트 품목과 배달비, 쿠폰은 하나의 패키지로 보면 된다. 예를 들어 리뷰 이벤트 상품도 전부 나눠주고, 배달비도 공짜로 주고, 거기에 쿠폰까지 주면 고객들이야 좋다고 주문하겠지만 가게는 팔면 팔수록 손해를 본다. 그러므로 내 가게 사정에 맞는 적당한 선택이 중요하다.

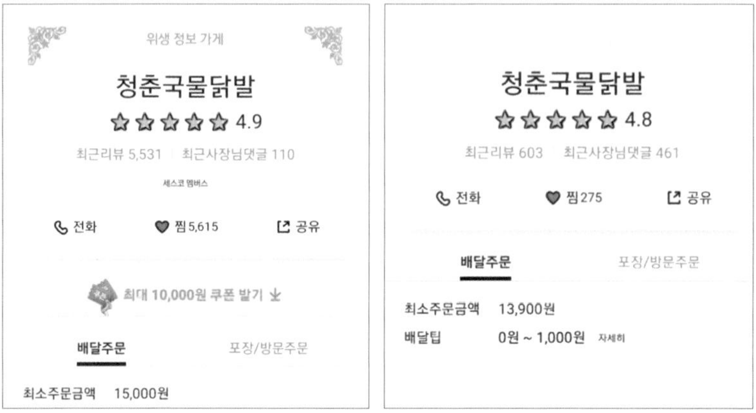

[사진 8-1] 왼쪽 본점- 쿠폰 사용 / 오른쪽 가맹점 - 배달팁 0원

쿠폰제공 VS 배달팁 0원

[사진 8-1]은 청춘국물닭발 본점과 가맹점의 메인 화면이다. 본점은 쿠폰을 제공하지만, 가맹점은 쿠폰을 제공하지 않는 대신 배달팁을 0원부터로 설정해놓았다. 쿠폰 활용에 대한 정답은 없다. 지역의 고객 특성에 맞게, 맛집 랭킹 상위 점포의 상황을 참고해 유연하게 운영하면 된다. [사진 8-2]에서 보는 이 쿠폰은 사용금액당 지급하지만 청춘국물닭발은 1회 주문가액이 최소 23,000원 이상 되기 때문에 사실상 모든 고객이 단돈 1,000원이라도 할인을 받을 수 있다.

금액대별 쿠폰 설정

금액대별 할인 쿠폰 금액을 다르게 설정해 객단가를 높일 수 있다. 예를 들어 최소주문 24,000원 주문 시 2,000원 쿠폰을 사용할 수 있

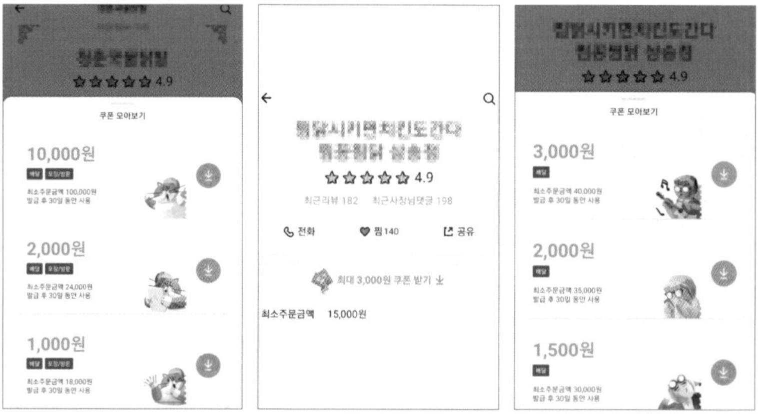

[사진 8-2] 쿠폰의 여러 종류

다면, 고객이 주문하는 음식 금액이 21,000원이라면 3,000원짜리 주먹밥을 추가로 시켜 2,000원을 할인받으려 한다. 1,000원을 더 주고 3,000원짜리 음식을 받았으니 기분이 좋다. 가게는 매출액을 높일 수 있기에 이런 쿠폰제공은 고객과 업주에게 Win-win이다.

▶금액대별 쿠폰 할인금액

최소 주문금액 18,000원 이상 1,000원 할인

최소 주문금액 24,000원 이상 2,000원 할인

최소 주문금액 100,000원 이상 10,000원 할인

최소 주문금액 27,000원 이상 1,500원 할인

최소 주문금액 32,000원 이상 2,000원 할인

최소 주문금액 40,000원 이상 2,500원 할인

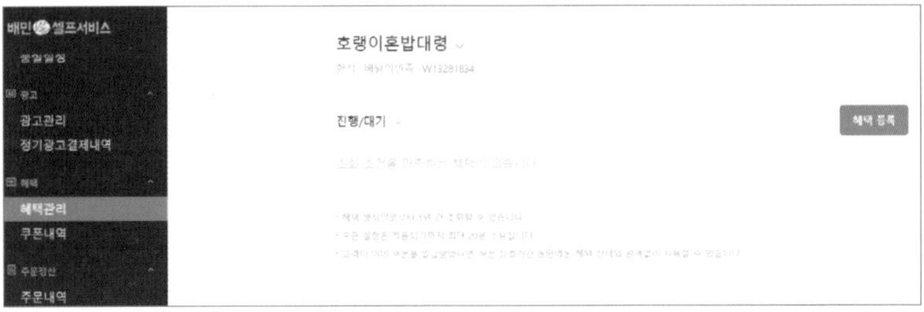

[사진 8-3] 배달의민족 사이트 쿠폰 설정 요령

쿠폰 설정은 [사진 8-3]에서 보는 것처럼 배달의민족 사이트 '사장님 광장' 오른편 혜택 관리에서 혜택 등록을 클릭하면 셀프로 설정할 수 있다.

쿠폰을 시작하면 확연하게 주문이 증가한다. 객단가가 높을수록 쿠폰 설정 시 매출 증대가 효과적으로 나타난다. 아직 실행해본 적 없다면 판매되는 객단가에 맞춰 쿠폰 지급을 잘 적용해보자. 기대보다 더 큰 성과로 답해줄 것이다.

배달 살아남기

1. 좋은 노하우를 전수받아도 직접 실행해 옮겨야 결실을 맺는다.
2. 똑같은 이벤트도 지역, 업종, 고객층마다 차이가 있다. 반드시 내 가게 상황에 맞게 적용해야 한다.
3. 사장이 직접 노하우를 적용해보고 수정하고 반복해보는 과정이 반드시 필요하다.

Chapter 09

위생정보 공개하면 고객의 신뢰를 얻는다

배달음식점은 위생관리가 보증되지 않는다는 고객들의 기존 인식이 있다. 어쩔 수 없이 시켜는 먹지만 안심도 안 되고 건강에 해로울 것이라는 선입견과 편견이 있었다. 음식에 들어가는 재료도 불신했다. 하지만 지금은 시대가 완전히 변했다. 주말이나 특별한 날에 배달시키던 음식을 이제는 평소에도 수시로 주문하며 점심과 저녁도 가리지 않는 경우가 많다. 또한 부모님 퇴근이 늦는 집의 경우 아이들이 스스로 주문해서 먹는다. 주문 배달음식이 일상화되고 고착화되는 과정에 있다.

요즘은 한 끼 먹자고 마트에서 장을 보고 재료를 손질해 조리하는 번거로움을 줄이고 간편하게 먹기를 원한다. 조리하고 남는 재료들도 문제가 된다. 식구가 많을 때는 모두 소진할 수 있지만 식구가 적은 오

[사진 9-1] 식약처 인증 가게(좌), 위생정보 가게(중앙), 아무것도 적용돼있지 않은 가게(우)

늘날에는 소분해서 파는 재료조차 남기 일쑤다. 오히려 시켜 먹는 것이 경제적이라는 논리가 맞아떨어진다. 실제로 거의 매일 배달로 식사를 하는 가정도 있다.

동일 상권에 같은 프랜차이즈 브랜드라도 위생정보 가게를 등록했느냐, 하지 않았느냐에 따라 주문 수도 차이가 있다.

[사진 9-1]에서 보는 것처럼 가게의 위생상태는 앱에서 한눈에 확연히 비교된다. 위생정보 내역에는 [사진 9-2]에서 보는 것처럼 점검 월과 방충, 방역 회사 멤버스 표시가 뜬다. 고객에게 안심할 수 있는 가게라는 인상을 주는 것이다. 요기요도 [사진 9-3]에서 보는 것처럼 왼쪽 상단에 CESCO 마크가 표기되는데 다른 가게와 확연히 구분되도록 표시해놓았다.

식약처 인증 가게

식품의약품안전처에서 실시하는 '음식점 위생등급제'로서 음식점의

[사진 9-2] 세스코멤버스에 가입한 가게

[사진 9-3] 요기요의 세스코 멤버스에 가입한 가게의 표시

위생 상태를 평가하고 우수한 업소에 3개 등급을 지정하여 공개하고 홍보하는 제도이다. 위생등급제는 2017년 5월부터 시행되었는데, 음식점의 위생 수준 향상과 식중독 예방, 소비자의 선택권 보장을 목적으로 실행되고 있다.

그렇다면 위생등급을 지정받은 업소는 어떤 혜택이 있을까? 먼저 [사진 9-4]와 같은 위생등급 지정서 및 표지판을 제공받고, 추

[사진 9-4] 식약처 음식점 위생등급 표시

후 2년간 관할 지자체에서 실시하는 매장 방문 위생검사를 면제받을 수 있다. 더불어 위생시설 설비 및 설비를 개보수할 때 저리의 융자를 지원받을 수도 있다. 신청은 자율이며 '식품안전나라(www.foodsafetykorea.go.kr)' 홈페이지를 통하여 지원이 가능하고 게시된 매뉴얼에 의거하여 준비하면 된다. 위생등급제 준비는 스스로 준비할 수 있고 '한국위생등급 지원센터(https://blog.naver.com/hws4389)'와 같은 전문기관에 의뢰하여 컨설팅을 받는 방법도 있다. 만약 초보 창업자이거나 경험이 적은 업주라면 관련 지식을 처음부터 정확하고 꼼꼼히 교육받고 보다 원활한 위생등급제 인증을 위해 컨설팅을 받아서 진행하는 것을 권장한다.

위생정보 가게 등록

배달의민족은 세스코와 연계되어 있다. 세스코를 이용하면 자동으로 등록이 되지만, 가끔 자동 등록이 되지 않을 수 있으므로 세스코 담당자에게 등록해달라고 요구하자. 세스코 정회원이 되기 전 4개월(120일)간 꾸준한 관리를 거쳐야만 멤버스로 확정되고, 위생정보 가게가 등록되는 것이 일반적이다. 따라서 우리 매장이 세스코 화이트/블루 멤버스 가입이 되어 있는지 반드시 확인이 필요하다.

한국위생등급 지원센터
HYGIENE GRADE CONSULTING CENTER

한국위생등급 지원센터 : 02-6949-0226

PART 04

작은 배달식당으로 1억 매출 달성하기

THE REAL RICH PEOPLE
IN THE DELIVERY BUSINESS

배달전문음식점 성공 신화는 현실이다. 창업자의 아이디어 하나가 성공으로 이끈다. 신메뉴 개발일 수도 있고 뛰어난 영업 수완이나 남다른 고객관리에서 올 수도 있다. 가정에서도 배달음식을 선호하는 문화로 바뀌는 요즘 당신이 그 주인공이자 성공 신화의 증인이 될 수 있다. 여기 소개된 창업자의 사례를 모델로 삼아 배달전문음식점에 도전해보자. 꿈은 준비할 때부터 이루어지기 시작한다.

Chapter 01

SNS 광고는 필수다

예전의 식당 광고는 길에서 나눠주는 전단지로 가게를 홍보했다. 지금도 그런 홍보가 완전히 사라진 건 아니지만 대부분 전단지에는 관심도 없을 뿐만 아니라 불편해한다. 요즘은 비용 대비 홍보효과도 현저하게 떨어져 거의 사라졌으며, 대신 온라인상 홍보가 대세이다. 파워블로거나 인플루언서를 이용한 홍보도 가능하고 인스타그램, 페이스북에 올리는 방법도 있다. 페이스북 홍보가 생소하다면 온라인 전단지라고 단순하게 생각하자. 페이스북의 최대장점은 내 점포의 반경 내에서 예비 고객에게 적은 비용으로 마케팅이 가능하다는 점이다.

실제 배달형매장에 적용해본 결과 광고가 나간 기간에 매출이 20~30%까지 오르는 결과가 나타났다. 지속적인 광고가 가능해서 이를 아는 점주들은 지역 광고임에도 페이스북에 참여도가 높다. 반드시 좋은 콘텐츠로 실행해보는 것을 추천한다.

가게에서 반경 5km 내에 있는 사람을 대상으로 페이스북에서 '친구소환이벤트'를 실시한 적이 있다. 그 결과 하루 5,000원의 비용으로 일주일간 댓글 268개, 공유 12회, 조회 1.1만 회를 얻었다. 조회가 이루어진 모든 고객이 주문으로 이어지지 않더라도 우리 매장을 알리는 효과가 있었다. 이 광고를 본 사람은 잠재고객이 된다. 특히 기존 고객이 확보되지 않는 개업 초기 배달형매장의 경우 반드시 시도해야 한다. 기존 단골 고객층이 있는 매장의 경우에도 지속적인 브랜드를 상기시키는 효과를 얻을 수 있다. 영업의 활성화를 위해 꼭 실행해볼 것을 추천한다.

지금 댓글로 지역에서 친구를 소환해주세요.
@친구소환이벤트
#소곱창 떡볶이 2명 추첨 무료 지급 !!~~@@

페이스북 광고가 효과적으로 홍보되기 위한 조건

① 이벤트성 상품이 제공되어야 한다.

② 콘텐츠가 시각적으로 차별화가 되어야 한다.

③ 하루 예산 10,000원~20,000원 사이에서 한 달에 10일 정도 지속해야 한다.

페이스북 홍보하는 방법_곱떡치떡*찜꽁찜닭 삼송점

① 페이스북에 새 facebook 페이지를 만든다.

② 페이지 정보란에 주소 위치 영업시간을 입력한다.

* 가게 정보 입력-페이지 버튼에 배달의민족, 요기요, 쿠팡에서 복사한 url을 입력하면 바로 해당 주문 앱으로 넘어간다.

③ 최신 사장님 댓글 오른쪽 밑의 공유 버튼을 누른다.

* 복사를 누르면 배달의민족 url이 복사된다.

④ 주문하기 버튼에 복사한 url을 붙여넣고 한글은 모두 지운다.

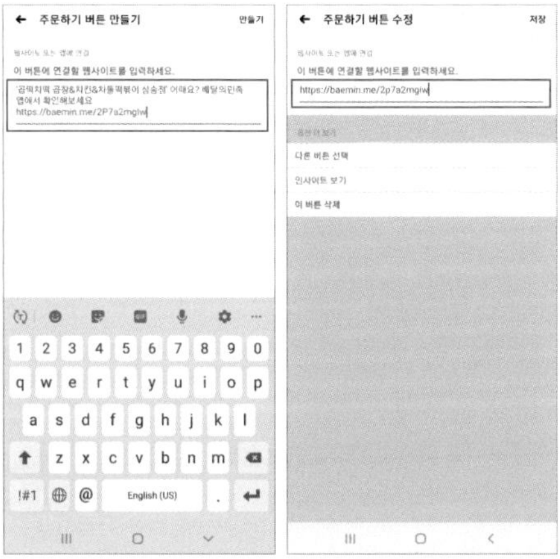

⑤ 현재 운영 중인 매장의 지역을 입력한다.

* 페이스북의 지도는 카카오맵처럼 상세하게 나오지 않기 때문에 카카오 맵과 비교하며 내 가게 위치를 지정해준다.

⑥ 설정이 끝나면 게시글을 올리고 홍보하기 버튼을 누른다.

⑦ 대상 타깃과 예산, 광고 지역을 설정해준다.

* 내 점포의 배달의민족 url을 복사하고 한글을 지운 후 붙여넣는다.

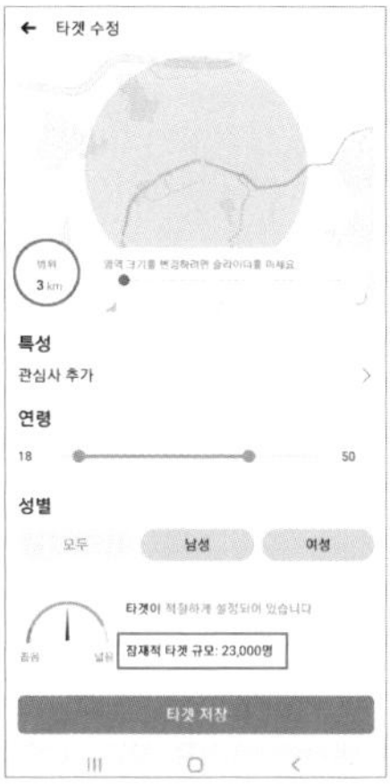

*지역과 나이를 수정하자. 잠재적 고객 규모가 23,000명으로 줄어들었다.

⑧ 게시물의 홍보가 시작되면 일단 상태가 검토 중으로 바뀐다.

*예산은 가게 상황에 맞게 조절하면 된다.

⑨ 광고 시작

*검토가 승인되면 광고 상태가 활성으로 바뀌고 페이스북 이용자에게 노출된다.

Chapter 02

고객과 연결되는 인스타그램 광고

인스타그램의 장점은 무료로 먼저 고객에게 다가갈 수 있다는 점이다. 인스타그램으로 고객과 직접 소통하고 공감하며 유대감을 높일 수 있다. 단점이 있다면 최소 3개월 이상 꾸준히 투자해야 한다는 것이다. 마케팅에 돈을 들이지 않아도 인내와 끈기가 있다면 홍보 효과를 높일 수 있는 방법이다. 팔로워가 1,000명 이상이 되면 확실히 매출에 영향이 생긴다.

2개월간 꾸준히 인스타그램을 업데이트해보자. 이미지와 내용을 풍성하게 꾸미면 먼저 고객이 찾는다. 직접 고객을 찾아 홍보하고, 스폰서광고를 통해 성별, 연령대, 거리, 관심사를 지정해 적은 비용으로 타킷 광고를 돌릴 수 있다. 배달업의 특성상 타킷 연령대는 15~40세, 성별은 남 또는 여, 거리는 3km에서 넓게는 5km 반경까지 설정해주는 것이 좋다.

돈까스 배달업체 '감성키친'의 경우 오직 배달만으로 매월 9,000만 원 매출을 올린다. 수익은 월 2,000만 원에 가깝다. 음식의 맛과 퀄리티도 중요하지만 [사진 2-1]에서 보는 것처럼 인스타그램을 꾸준히 잘 관리한 덕분이다.

[사진 2-1] 꾸준히 일관되게 정렬된 고객 후기들

[사진 2-2] 하루 3~5개 정도의 좋은 고객 리뷰를 꾸준히 업데이트한다.

[사진 2-3] 인스타 피드를 통해 주문 유도하기

[사진 2-2]에서처럼 반복적인 업데이트로 고객에게 성실함과 꾸준함을 보여주며 신뢰를 얻는다. 단, 여기서 끝이 아니다. 앞에서 언급한 스폰서광고나 [사진 2-3]에서 보는 것처럼 인스타 피드로 주문을 유도해야 한다.

일단 2주에서 한 달 정도 [사진 2-4]와 [사진 2-5]처럼 인스타그램에 계속 올리자. 내용이 볼거리가 있을 만큼 쌓이면 가게 주변의 헬스장과 미용실, 네일샵, 맛집의 인스타그램을 방문해 팔로워하고 팔로

[사진 2-4] 인스타그램에서 음식 주문 클릭 시 바로 해당업체의 배달앱으로 연결된다.

잉한다. ‘좋아요’를 눌렀던 리스트들을 다시 팔로워해 자기 가게를 무료로 홍보할 수 있다. 미용실과 네일샵, 헬스장은 주로 그 지역에 거주하는 사람이 팔로워/팔로잉한다. 인스타그램을 가게의 유용한 정보로 꾸미고, 판매하는 상품에 자신이 생겼다면 잠재고객에게 과감히 먼저 팔로워해도 된다. 이것만으로도 가게를 알리는 효과를 볼 수 있다. 팔로워가 어느 정도 늘어나고 가게도 바빠져 일일이 팔로잉하기 어려운 단계에 이르면 그 지역을 타깃으로 인스타그램 광고를 돌리면 된다.

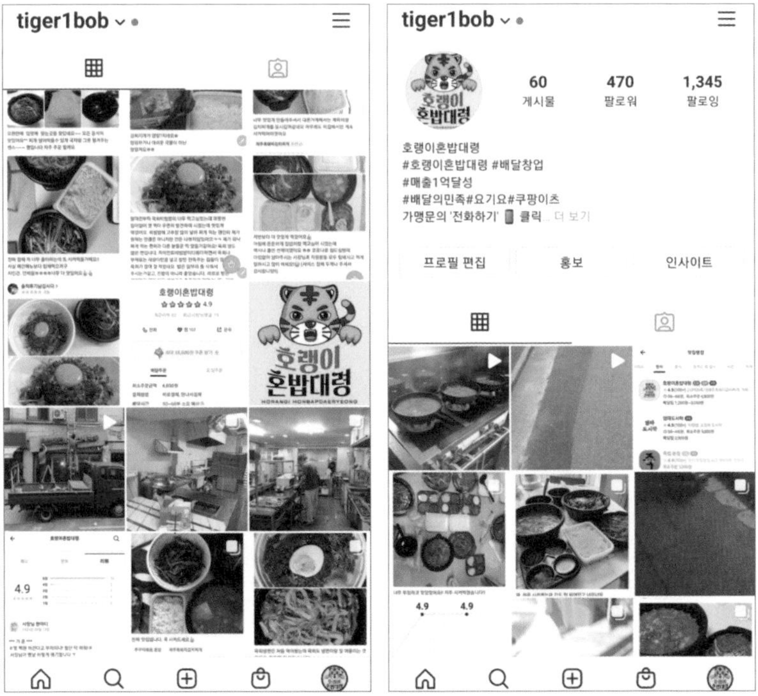

[사진 2-5] 가게 상황을 꾸준히 업데이트하고 있는 호랭이혼밥대령

Chapter 03

블로그와 카페 마케팅을 아직 안 한다고?

네이버 블로그나 카페를 통한 마케팅이 예전처럼 매출에 극대화까지 영향을 끼치지는 못한다. 하지만 지금도 하나의 블로그 포스팅, 맘카페에 올라오는 하나의 배달 맛집 리뷰로 매출이 20~30%까지 상승하는 효과는 여전히 나타나고 있다.

블로그 홍보는 배달형매장보다 홀에서 고객을 받는 오프라인 매장에 더 유리하다. 음식뿐 아니라 홀 사진이나 주변 경관까지 소개해 일부러라도 그곳을 찾게 만드는 것이다. 그러나 요즘은 코로나로 방문이 자유롭지 못해서 배달음식점 소개가 속속 등장하며 매출 상승으로 이어지고 있다. 블로그에 배달음식점 음식평가를 리뷰로 남기는 경우가 많아졌다. 블로그 리뷰는 배달의민족 리뷰보다 훨씬 더 디테일하게 음식평이나 만족도가 작성된다. 운이 좋아서 상위 노출이 가능한 블로거가 우리 매장의 음식을 포스팅하면 '지역+음식명+배달 맛집', '지역명+배달+음식명' 등으로 [사진 3-1]에서 보는 것처럼 네이버 최상위에 노출된다. 예를 들어 역삼찜닭 가게라면 역삼+배달+찜닭으로 표기된다.

수시로 네이버 블로그에서 우리 매장의 새로운 포스팅이 올라왔는가 자주 체크해보자. 포스팅된 경우라면 고객이 남긴 블로그에 댓글을

[사진 3-1] 네이버 블로거를 통한 상위 노출 요령

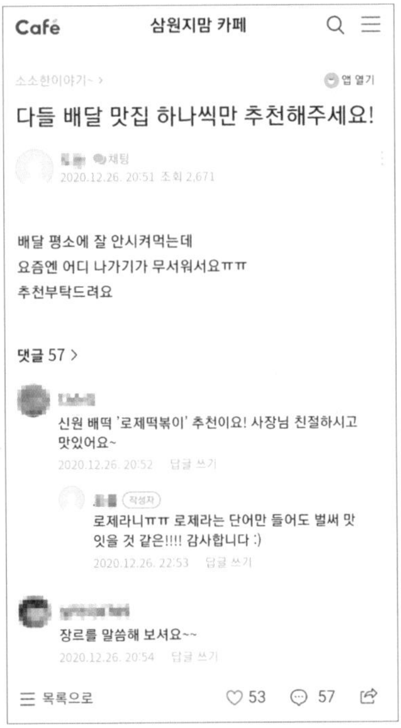

[사진 3-2] 지역의 맘카페 노출이 최고 효과를 낸다.

달며 고객과 소통이 가능하다. 고객은 자신의 글에 좋아요와 댓글까지 남겨주는 사장에게 감동할 수밖에 없다.

거기에 추가로 다음에 주문 시 감사하는 마음을 담아 무료 서비스를 풍성하게 업그레이드 해주거나, 주문상품을 더 높은 가격대로 업그레이드해준다고 글을 남기면 고객은 다음에 다시 주문할 확률이 높아진다. 서비스를 제공하더라도 가게 수익에서 보자면 손해가 아니다.

활성화된 네이버 맘카페는 [사진 3-2]에서 보는 것처럼 조회 수가 일일 500에서 많게는 3,000건 이상이다. [사진 3-3]처럼 댓글로도 얼마든지 가게를 알릴 기회가 있다. 크몽이나 맘카페 포스팅을 제작해주는 업체도 있지만, 이런 경우 카페 특성상 ○○ 아이디가 꾸준히 활동했는지 진짜 그 지역에 거주하는 사람인지 꼼꼼하게 따지기 때문에 비용을 들여 작업해도 포스팅이 삭제되는 경우가 흔하다.

[사진 3-3] 맘카페에 댓글로 가게 알리는 요령

맘카페에 [사진 3-4]

에서 보는 것처럼 배달 맛집으로 노출이 되면 매출이 2배 가까이 오르기도 한다. 그만큼 맘카페의 영향력이 크다. 특히 글을 작성한 아이디의 카페 활동이 오래돼 인지도 있는 사람이라면 효과가 훨씬 좋다. 하지만 단 한 번의 실수로 악플이 달리거나 불매운동이 일어날 수 있으므로 고객 응대나 배달, 음식의 위생 및 상태를 조심 또 조심해야 한다.

[사진 3-4] 맘카페에 배달맛집으로 노출시킨다.

Chapter 04

당근마켓에서 상권 내 고객을 잡아라

2021년 4월 기준 당근마켓 월 방문자는 1,400만 명이고, 총 2,200만 다운로드를 기록할 만큼 급성장한 플랫폼이다. 주변에 당근마켓을 이용하지 않는 사람이 없을 정도로 인기를 끌고 있으므로, 자영업자라면 저렴한 비용으로 가게를 홍보할 수 있는 당근마켓을 간과해서는 안 된다.

먼저 가게 소식을 작성해 당근마켓에 올려보자. 당근마켓 광고는 블로그나 카페 홍보보다 더 좁게 해당 지역 사람들에게 알린다는 장점이 있고, 광고비도 상대적으로 저렴하다. 광고비는 지역, 카테고리, 기간, 반복 노출 횟수에 따라 달라지지만 당근마켓 평균 광고비는 2019년 1분기 기준으로 보았을 때 1,000회 노출CPM당 4,000~5,000원으로 페이스북 약 9,900원, 인스타그램 약 5,600원에 비해 저렴하다.

▶당근마켓을 활용한 홍보 장점

* 광고가 몇 명에게 노출되고, 그중 몇 명이 관심, 클릭했는지 정확히 알 수 있다.
* 누구나 쉽게 광고를 제작할 수 있다.
* 원하는 지역에 정밀한 고객 타깃팅이 가능하다.
*지역 잠재 고객에게 홍보가 가능하다.
* 당근마켓의 주 사용자가 배달 핵심 고객층인 24~44세 동네 주민이다.
* 커뮤니케이션 기능까지 탁월하다.
* 채팅과 전화문의로 고객의 궁금증을 바로 해결해줄 수 있다.

당근마켓 광고 개시는 3분 정도면 가능하다. 광고를 잘 기획해서 효과를 보든 못 보든 꾸준히 월별, 혹은 분기마다 매장을 홍보하면 틀림없이 효과가 나타난다.

배달형매장 당근마켓 홍보 순서

① 당근마켓 가입

② 비즈 프로필 등록_[사진 4-1]

③ 소식작성 클릭_[사진 4-2]

④ 광고 만들기_[사진 4-3], [사진 4-4], [사진 4-5]

⑤ 캐시 충전_[사진 4-6], [사진 4-7]

⑥ 광고 승인_[사진 4-8]

⑦ 광고 노출_[사진 4-9], [사진 4-10]

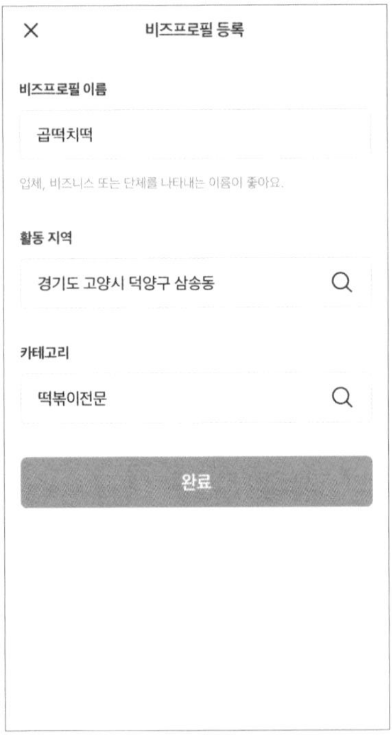

[사진 4-1] 비즈 프로필에 가게 상호와 지역, 카테고리를 정하고 사진을 등록한다.

[사진 4-2] 소식작성을 클릭한다.

[사진 4-3] 광고를 만들어준다(이때 이벤트를 넣어주면 효과가 빨리 나타난다).

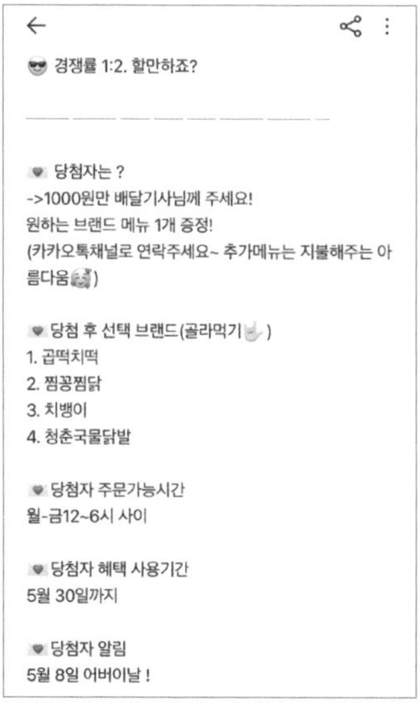

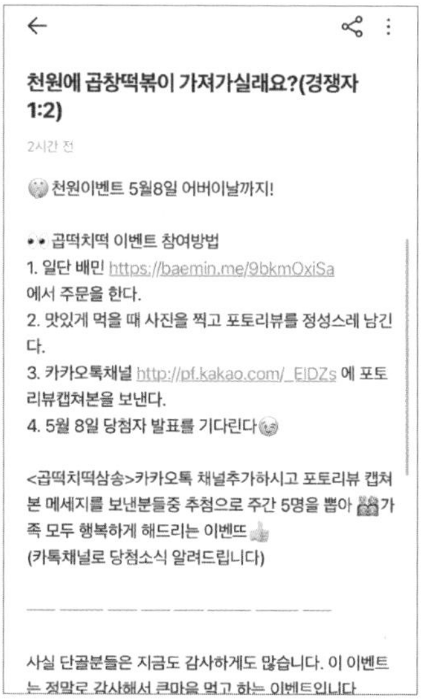

[사진 4-4] 광고 이벤트 예시(참고용)

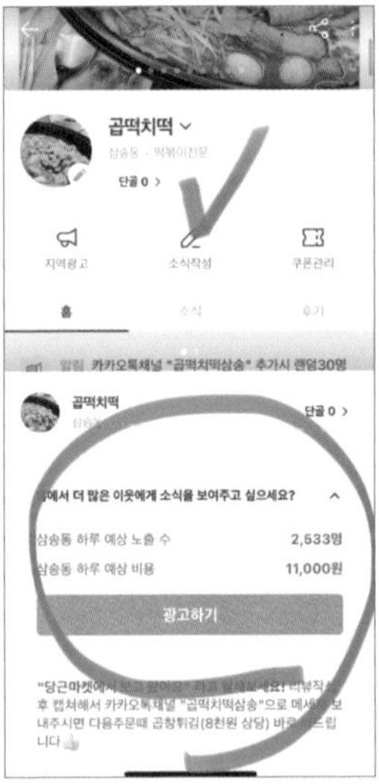

[사진 4-5] 광고 집행

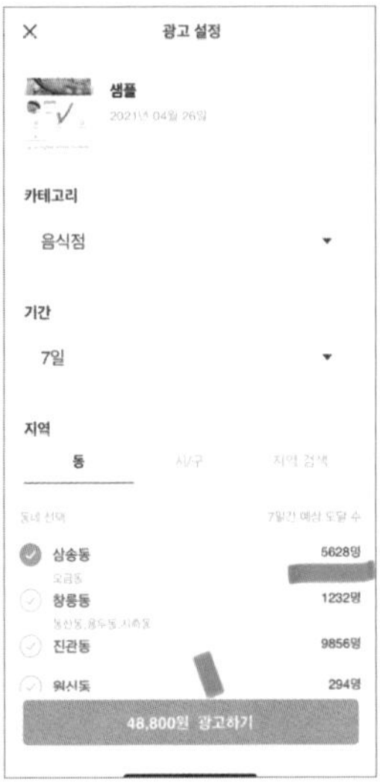

[사진 4-6] 캐시를 충전하면 원하는 기간과 지역 선택. 지역별 예상 도달 수까지 예측이 가능하다.

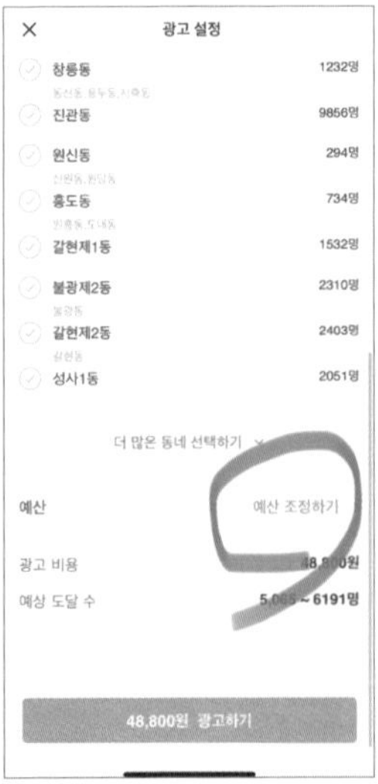

[사진 4-7] 버튼을 클릭해 예산 조정도 가능하다.

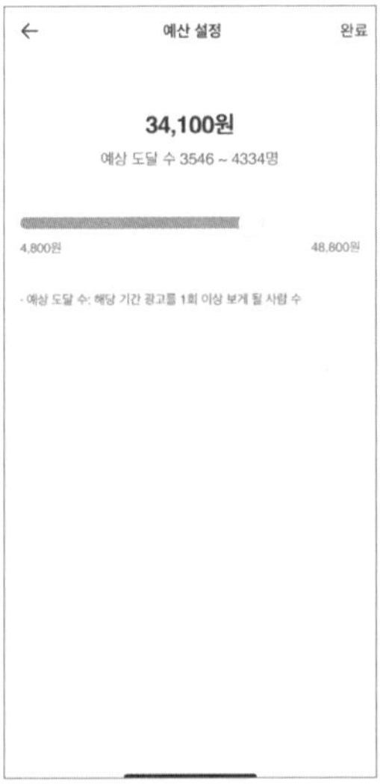

[사진 4-8] 광고가 승인되면 노출되기 시작한다.

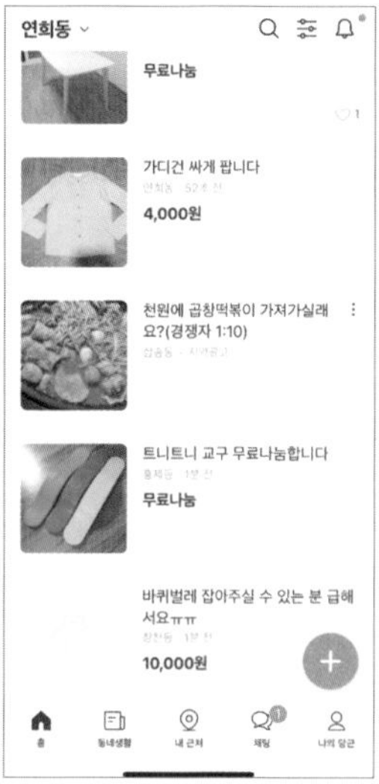

[사진 4-9] 광고 노출

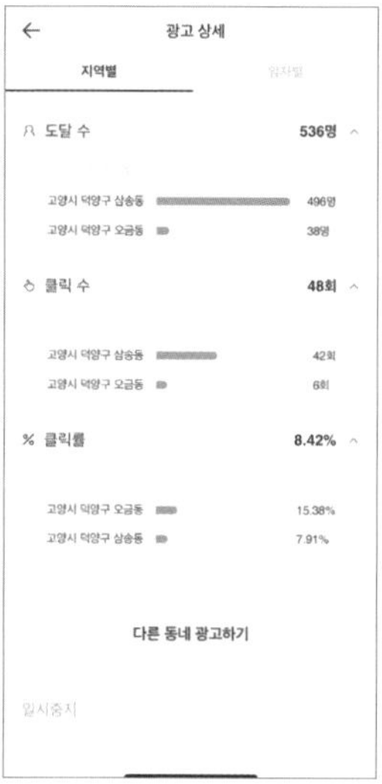

[사진 4-10] 광고 노출 수 확인

승인 완료된 광고는 [사진 4-9]에서 보는 것처럼 선택한 지역에 정밀하게 노출된다. 꼭 클릭이 이뤄지지 않더라도 매장을 자주 노출하려는 의도로 이용하면 된다. 당장은 눈에 띄는 변화가 나타나지 않을 수 있지만, 단골과 채팅 수, 찜 수 등을 늘리면 반드시 효과가 나타난다. 적은 비용으로 효과적인 광고 운영이 가능하다. 적극 활용하자.

광고가 시작되면 [사진 4-10]에서 보는 것처럼 정확한 노출 수, 도달 수, 클릭 수, 클릭률을 확인할 수 있다. 클릭률이 떨어진다면 광고에 문제가 있는지 검토하고 신선한 이벤트를 시행하자.

Chapter 05

배달도 프랜차이즈가 강세다

대한민국 배달시장은 프랜차이즈의 각축장이 되었다. 이 말은 결코 과언이 아니다. 배달앱 맛집 랭킹 순위 보면 개인매장 비율이 10%도 채 되지 않는다. 음식을 주문하는 고객도 프랜차이즈업체가 아니면 주문을 꺼려하는 경향이 보인다.

배달앱이 활성화되기 이전에는 피자, 햄버거, 떡볶이 프랜차이즈를 제외하고는 배달 프랜차이즈가 드물었다. 프랜차이즈 본사도 배달만으로는 수익 창출이 안 되었지만 가맹점주 역시 생존하기 힘들었기 때문이다. 그러나 지금은 상황이 많이 달라졌다. 일부 배달 프랜차이즈 가맹점은 배달이 매장 매출을 뛰어넘는 일이 발생하고 있다. 지인이 운영하는 배달형매장도 한 달에 1,000~2,000만 원씩 수익이 나온다.

청주에서 닭발집을 하는 분, 대전에서 돈까스를 파는 분, 안산에서 필라프를 파는분, 마곡에서 오직 떡볶이만으로 가맹점 창업 한 달 만에 순수익을 2,000만 원 가까이 올리고 있는 것이다.

물론 프랜차이즈라고 해서 다 잘되는 것은 아니다. 다른 지역에서 잘되는 아이템이 어느 지역에서는 잘되지 않을 수도 있다. 운영을 잘해서 큰 수익을 내는 가맹점이 있는 반면 운영이 미숙하고 잦은 실수를 반복해 유명 프랜차이즈임에도 불구하고 매출이 바닥을 치는 곳도 있다. 하지만 개인 브랜드 고객에게 접근하는 것보다 인지도가 높은 것은 사실이다. 그래서 맛이 보장된다고 해도 개인창업은 성공하기 어려운 부분이 있다.

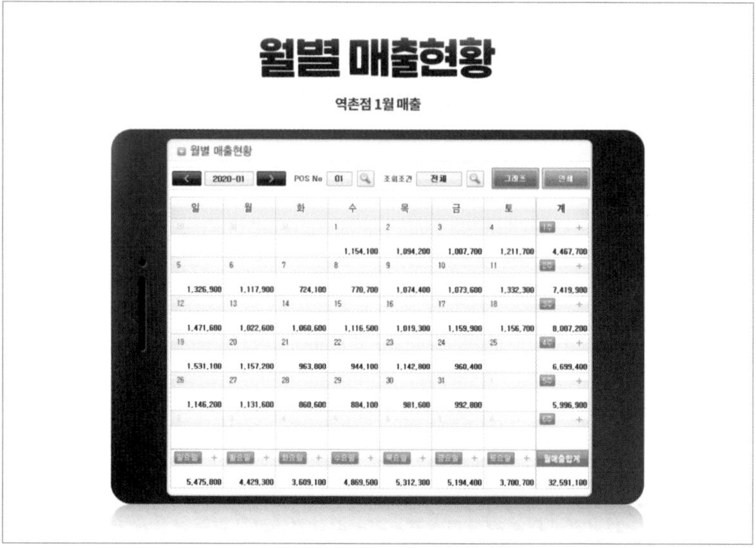
월별 매출현황

역촌점 1월 매출

월별 매출현황

2020-01 POS No 01 조회조건 전체

일	월	화	수	목	금	토	계
29	30	31	1	2	3	4	
			1,154,100	1,094,200	1,007,700	1,211,700	4,467,700
5	6	7	8	9	10	11	
1,326,900	1,117,900	724,100	770,700	1,074,400	1,073,600	1,332,300	7,419,900
12	13	14	15	16	17	18	
1,471,600	1,022,600	1,060,600	1,116,500	1,019,300	1,159,900	1,156,700	8,007,200
19	20	21	22	23	24	25	
1,531,100	1,157,200	963,800	944,100	1,142,800	960,400		6,699,400
26	27	28	29	30	31	1	
1,146,200	1,131,600	860,600	884,100	981,600	992,800		5,996,900
2	3	4	5	6	7	8	
							월매출합계
5,475,800	4,429,300	3,609,100	4,869,500	5,312,300	5,194,400	3,700,700	32,591,100

일부 배달 프랜차이즈 가맹점은 배달이 매장 매출을 뛰어넘는 일이 발생하고 있다.

개인창업은 배달앱 특성상 디자인적인 요소들이 많이 필요하다. 포장지, 포장용기부터 일회용품까지 개인 가게와 프랜차이즈는 품질에서 차이가 날 수밖에 없다. 배달 운영과 관리도 능수능란하게 터득하는 게 쉽지 않다. 연령대별 고객의 요구사항도 즉각 대응하고 반영하기 어렵다. 따라서 나이는 어려도 감각적이고 모바일에 익숙한 젊은 대표들이 훨씬 더 좋은 결과를 이끌고 있는 것이다. 다시 말해 대한민국 배달창업시장에 젊은 프랜차이즈 시대가 열린 것이다.

배달 프랜차이즈의 평균 창업비용은 3,500만 원에서 5,000만 원 정도이다. 프랜차이즈라고 하더라도 배달업 특성상 월세가 비싸거나 상권이 좋은 곳에 점하지 않아도 된다. 그래서 점포를 구할 때 홀 고객을 대상으로 하는 가게보다 부담이 훨씬 덜하다.

Chapter 06

신메뉴로 130호점 200억 매출 _곱떡치떡

곱창떡볶이 브랜드 '곱떡치떡'은 역삼동에 위치한 월세 40만 원 지하상가에서 배달만으로 4,800만 원의 매출을 기록했다. 불과 9개월밖에 되지 않은 짧은 기간에 전국 가맹 130호점을 달성했다.

이 책의 공동저자인 곱떡치떡의 임형재 대표는 '장배남TV'라는 유튜버로도 활동 중인데 단기간에 빠르게 가맹점이 늘어난 이유로 1인 창업 시스템 적용을 꼽았다. 이 시스템을 완성하기 위해 발주 편의성을 높이고, 식재료 관리를 간소화했다고 한다. 그는 직접 배달형매장을 운영하면서 1회 배달 주문단가가 낮으면 아무리 주문 수가 많아도 몸만 힘들 뿐 점주의 수익으로 이어지지 않는다는 것을 일찍 깨닫고 새로운 브랜드 개발에 착수했다. 대한민국에서 가장 대중적인 떡볶이에 곱창을 더하면 주문단가를 높일 수 있을 뿐만 아니라 두 가지를 모두 먹고 싶어 하는 고객의 욕구까지 채워 줄 수 있다고 믿었다. 창의적인 아이디어에 냉정하고 객관적인 판단으로 '곱떡치떡'이라는 새로운 브랜드를 런칭했다. 대중적인 떡볶이와 선별적 기호 메뉴 곱창이 한 길을 가게 된 것이다.

이런 획기적인 아이디어는 즉흥적으로 나온 발상이 아니다. 기존에 운영 중인 브랜드 '찜꽁찜닭'이 모티브가 되었다. "찜닭을 시키면 치킨이 공짜!"라는 슬로건으로 고객에게 접근한 것이 유효했다. 이런 신메뉴는 늘 고객의 호기심을 자극하고 주문으로 이어진다. 맛보고 싶다는 욕구를 자극하는 것이다.

이제껏 1인 점주가 여러 식재료를 다채롭게 운영하는 시스템은 어렵게만 들렸다. 하나의 메뉴에 집중하기도 여력이 부족한데 전혀 다른 종류의 메뉴가 추가되는 것이니 감당하기 버거울 것 같다는 생각이 든다. 그러나 오픈하는 매장 수가 늘어나고 혼자서 가게를 운영하는 여성 가맹점주가 하루에 160만 원 매출을 올렸다는 사실을 듣고서야 시장에서는 이런 메뉴가 소비자의 욕구에 주효했다는 사실을 이해하게 되는 것이다.

▶곱떡치떡 대표 메뉴

곱떡치떡 – 곱창떡볶이

곱떡&치떡

곱떡&치떡

곱떡&치떡

곱떡&치떡

찜꽁찜닭 – 찜닭 & 치킨

치꼬뱅 – 치킨과 꼬막, 골뱅이

더바른정국밥 – 순대국밥과 돼지국밥

위의 4가지 메뉴는 다른 원재료를 이용해 조화롭고 이색적인 음식을 만들어 판매하는 곱떡치떡의 대표적인 브랜드 메뉴다. 소스도 서로 혼용 가능하도록 개발하기란 정말 쉽지 않은 과정이었다. 이를 해낸 창업자의 발상이 소비자의 욕구를 간파했다는 점은 인정해줘야 한다.

곱떡치떡은 주력 메뉴이자 인기메뉴인 '소곱창떡볶이'와 차돌과 순대가 어우러진 '차돌순대떡볶이', 순살 크리스피 치킨을 떡볶이 국물에 찍어 먹으면 더욱 맛있는 '치킨떡볶이' 등 언뜻 보면 따로따로 주문해야 할 것 같은 메뉴를 한 번 주문으로 단번에 맛볼 수 있다는 장점이 있다. 이를 외면할 고객은 없다. 곱떡치떡이 이러한 메인 메뉴를 바탕으로 시장을 공략해 승승장구하는 모습이 이를 증명한다. 여기에 선택의 폭을 넓히고자 간장떡볶이, 마라떡볶이 등 꾸준히 신메뉴들도 선보이고 있다. 이밖에 식사 메뉴를 공략한 '더바른정국밥' 야식을 먹는 시간에 유리한 '치꼬뱅'도 단일 메뉴가 아닌 그 메뉴를 떠올리면 저절로 생각나는 음식을 곁들여 판매하는 전략을 설계하여 예비창업자에게 큰 사랑을 받고 있다.

Chapter 07

차별화된 돈까스 _감성키친

수제돈까스 전문브랜드 '감성키친'은 대전시 유성구에 본점이 있다. 전국 30개 매장 전부가 홀을 운영하지 않고 오직 배달로만 돈까스를 판매한다. 본점의 경우 돈까스 배달로만 매출 9,000만 원을 올리고 순수익을 2,000만 원까지 기록했다.

감성키친 김은상 대표는 대전에서 100평 술집과 대형 커피전문점도 운영 중인데 가장 적은 비용으로 창업한 배달 돈까스에서 가장 큰 수익을 내고 있다. 지인의 요청으로 매장이 하나둘씩 늘면서 프랜차이즈사업까지 하게 된 예이다.

감성키친의 영업전략은 좋은 재료와 고퀄리티의 맛이다. 배달돈까스이지만, 그 맛을 본 고객이 다음에도 잊지 않고 주문할 수 있도록 퀄

리티를 높이는 작업을 꾸준하게 해오고 있다. 수제 뱀파이어돈까스, 고구마통치즈돈까스 등 이색적인 돈까스를 요구하는 소비자에게 어필할 수 있는 트렌디한 신메뉴도 지속적으로 출시하고 있다.

세종 가맹점주는 한 달에 1,000만 원을 넘게 버는 친구를 보고 창업한 케이스다. 현재 그도 활발하게 매장을 운영하고 있는데 조만간 점포 1개를 추가로 더 오픈할 계획이라고 한다. 현재 '감성키친'은 오픈하는 대부분 지점에서 맛집 랭킹 1위를 기록하면서 배달돈까스 전문 브랜드로 부상하고 있다.

▶감성키친 대표 메뉴

더블 통치즈돈까스

수제 뱀파이어돈까스

수제 고구마통치즈돈까스

수제 까르보나라돈까스

수제 로제파스타돈까스

수제 어니언돈까스

이밖에도 각종 덮밥류와 손쉽게 조리가 가능한 1인 치킨 등 사이드 메뉴가 계속 출시 중이다. 현재 젊은 고객층을 중심으로 꾸준한 호평을 받으며 인기 브랜드로 자리매김하고 있다.

Chapter 08

닭발로 한 달 매출 1억 _청춘국물닭발

최근 인기 유튜브 채널 '맥형TV'에 소개된 '청춘국물닭발'은 한 개의 점포에서 배달로 한 달 1억 원이 넘는 매출을 기록하고 있다. 올해 29살의 오승근 대표는 20대 초반부터 지금까지 꾸준하게 닭발 요리를 연구하고 있다. 그는 미묘하게 중독되는 국물닭발의 맛에 있어서는 전국 1등이라는 자부심으로 운영하는 중이다. 청춘국물닭발의 차별화된 특제소스와 독특한 조리법은 누구나 닭발을 입에 넣고 발골이 가능하도록 했다. 기존에 닭발을 선호하지 않던 사람조차 좋아하게 만든 닭발 브랜드다. 2021년 3월 한 달 동안에만 23개의 가맹계약을 성사시킬 만큼 인기 브랜드로 자리매김 중이다. 2021년 2월 첫 가맹사업을 시작한 후 벌써 70호점의 계약이 체결되었다.

▶청춘국물닭발 앱 현황

최근 주문 수 19,000+

전체 리뷰 수 27,565개

2021년 1월 한 달 리뷰 수 1,041개

청춘국물닭발은 배달음식점으로 받을 수 있는 최고의 수치를 기록 중이다. 이 기록들만 보아도 고객들이 얼마나 이 브랜드를 사랑하고 있는지 짐작할 수 있다.

▶청춘국물닭발 대표 메뉴

청춘국물닭발

뼈있는 청춘국물닭발

오돌뼈&날치알 주먹밥 세트

옛날통닭

똥집튀김

무뼈닭발튀김

▶창업 시 청춘국물닭발 장점

조리가 간편하고 조리속도가 빠르다.

객단가가 23,000원으로 높은 편이다.

Chapter 09

12평 커피매장에서 1억 5천 매출 _봉명동내커피

요즘 배달커피를 주문해본 사람이라면 누구나 한번쯤은 '봉명동내커피'를 본 적이 있거나 직접 주문해보았을 것이다. 1리터 보틀커피로 전국에 130여 개의 가맹점을 오픈한 ' 봉명동내커피'는 '왕크니까 왕맛있다'라는 슬로건과 함께 전국에 가성비 맛집으로 젊은층에서 선풍적인 인기를 끌고 있다.

김지우 대표는 중식당에서 일을 하다가 '왜 짜장면은 배달을 가는데 커피는 배달을 가지 못할까?'라는 발상의 전환을 하게 되었다. 아내와 함께 월세 40만 원의 C급 상권에서 지금의 봉명동내커피 본점을 오픈하게 되었고, 처음에는 순탄치 않았지만 지속적인 메뉴개발과 고객 맞춤형 마케팅으로 12평 매장에서 1억 5천의 매출로 평수 대비 전국 1

BONGMYUNG DONGNAE COFFEE
봉명동내커피

등의 커피전문점을 만들게 되었다.

본점이 대박나자 지인과 친구, 친척들까지 매장을 줄줄이 오픈하게 되었고, 어느덧 매장은 130여 개까지 늘어났다. 창업비용은 1억 원이 훨씬 넘는 저가커피프랜차이즈의 절반도 되지 않지만 매출은 전국 커피프랜차이즈 평수대비 최상위권을 유지중이다.

봉명동내커피는 커피음료뿐만 아니라 다양한 디저트류를 판매하는 것으로도 유명하다. 생크림이 가득찬 와플, 호떡, 델리만쥬, 전문점보다 더 맛있는 떡볶이, 토스트까지 음료뿐만 아니라 한 끼 식사를 한 번에 해결하고 싶은 MZ세대의 취향을 제대로 저격했다.

▶봉명동내커피 앱 현황

최근 주문수 34000+

전체 리뷰수 50,000개

2023년 3월 기준 찜수 8,832개

전국 커피배달 전문 프랜차이즈 기준 최상위 수치를 기록하고 있으며, 지금도 그 신기록은 계속 갱신되고 있다. 배달창업에 관심있는 분들은 참고해 배울 수 있는 부분이 많다.

▶봉명동내커피 대표 메뉴

1리터보틀 아메리카노

1리터보틀봉내 복숭아쉐이크

(카레향)봉내떡볶이

아메리칸애플생크림와플

봉내만쥬

카야햄치즈 토스트

무뼈닭발튀김

▶창업 시 봉명동내커피 장점

창업비용이 타 프랜차이즈 카페보다 저렴하다.

상권에 제약이 없어 점포비용 또한 절약할 수 있다.

Chapter 10

샵인샵 창업의 끝판왕 _필라프에 빠지다&파스타

필라프, 파스타, 스테이크 메뉴는 아무래도 전문성을 띄는 메뉴라고 생각하기 쉽다. 하지만 지금은 결코 그렇지 않다. 대기업 삼성웰스토리와 물류계약이 되어 있어 발주시스템이 간편하고, 조리시스템이 또한 체계적으로 되어 있다. 피자전문점에 '필라프에 빠지다'를 샵인샵으로 론칭한 점주님들은 오히려 피자보다 더 수월하다는 의견이 있을 정도다.

가장 큰 장점으로는 창업비용이 저렴한 데다 회전율이 빠르고, 로스가 적다는 것이다. 매장을 운영하다 보면 육류나 소스, 채소류가 상해서 버리기 쉬운데 그만큼 마음이 아픈 것도 없다. 운영해본 점주들의 의견에 따르면 거의 버릴 게 없고, 물류비용 자체도 다른 아이템에 비

#파스타
#스테이크
필라프에 빠지다
봉천점
영업시간 09:00-18:00
OPEN
AM 10:30
CLOSE
AM 02:00
FALL IN
PILAF

해 워낙 저렴하게 잡혀 있어서 확실히 수익성이 좋다고 한다. 다만, 화구가 반드시 설치되어 있는 매장이어야 하고, 주방 공간이 일정 부분 확보가 될 수 있는 매장에만 샵인샵을 창업할 수 있다는 제약은 존재한다.

신윤호, 김용태 공동대표는 4년 전에는 원래 애견카페를 운영하고 있었다. 당시 방문한 고객들에게 카페에서 필라프와 파스타를 판매했는데 너무 맛있다고 소문이 났고, 고객들이 배달로 주문해 먹고 싶다고 요청해서 배달사업을 시작하게 된 특이한 스토리가 있다. 단독샵으로 배달만 8,000만 원의 매출을 기록하고 샵인샵 매장의 경우 1,000만 원의 수익을 달성한 경우도 생겨났다.

현재도 직영점뿐만 아니라 전국 70여 개의 매장이 오픈되어 있으며, 가맹 사업 또한 활발하게 진행 중이다. 다만, 점주 선정에 나이 제한을 두는 특이한 본사방침을 가지고 있다.

▶필라프에 빠지다&파스타 사동점 앱 현황

최근 주문수 8000+

전체 리뷰수 11,000개

2023년 3월 기준 찜수 4,307개

현재 피자매장을 운영중이거나 화구가 있는 일정 규모 이상의 매장을 소유한 사장님이라면 샵인샵 아이템으로 '필라프에 빠지다'를 잊지 말아야 할 것이다.

▶필라프에 빠지다&파스타 대표 메뉴

목살필라프 도시락

김치필라프 도시락

돈까스필라프 덮밥

까르보나라 파스타 도시락

쉬림프 알리올리오

해물 해장 토마토 파스타

베이컨 로제 리조또

치킨텐더 샐러드

▶창업 시 필라프에빠지다&파스타 장점

-샵인샵 창업이 가능하기 때문에 최소비용 창업이 가능하다.

-대기업 삼성웰스토리와 계약이 되어 있어 발주와 조리가 간편하다.

TIP

샵인샵(Shop in Shop)은 어떤 준비가 필요한가?

배달 창업에서 샵인샵이라는 말은 맞지 않고 정확하게는 '다브랜드 판매 전략'이라고 해야 한다. 원래 '샵인샵'의 뜻은 한 매장 안에서 다수의 사람이 각자의 브랜드를 각각 운영하는 것을 말하고, 배달 창업에서는 반대로 한 명이 다수의 브랜드를 동시에 운영하는 것을 말한다.

브랜드가 알아서 매출을 내는 것이 아닌 해야 할 일들이 많아진다는 뜻이다.

샵인샵은 축소의 개념이고 다브랜드는 확장의 개념인 것이다. 한 명이 다수의 브랜드를 동시에 운영하다 보니 운영 시스템을 최적화시키지 못하면 1 더하기 1은 2가 아닌, 마이너스가 될 수도 있다는 뜻이다. 반대로 운영 최적화에 따라 2 이상이 될 수도 있다.

따라서 무턱대고 브랜드와 메뉴를 선택하면 몸만 피곤하고 매출은 오르지 않는 비효율적인 운영이 되기 십상이다.

효율적인 다브랜드 운영 전략은?

첫째, 식자재 발주 채널 통일이다.

식자재 발주 채널이 나눠져 있으면 판매를 준비하는 과정부터 에너지를 낭비하게 된다. 브랜드별로 준비해야 할 식자재의 종류가 적게는 30개에서 많게는 60개 이상이 된다. 만약 3개 브랜드를 운영한다면 90~180개의 식자재를 다뤄야 하는데 발주 채널이 각각 나뉘어 있고 주문 방식마저 다르면 주문하는 과정에서부터 어려움을 겪게 된다.

둘째, 식자재 통일이다.

위와 같은 이유로 식자재의 가짓수는 최대한 줄이고 한 개의 식자재로 여러 가지 메뉴를 구현할 수 있도록 식자재 활용성을 높여 놓아야 조리와 관리가 편해지기 때문이다.

셋째, 브랜드별 판매 시간대 이원화이다.

메뉴마다 주 판매 시간대가 있게 마련이다. 각 브랜드의 주 판매 시간대가 동일하다면 특정 시간대만 바쁘고 나머지는 한가한 비효율적인 운영이 될 것이다.

판매 시간대별로 크게 식사 메뉴, 간식 메뉴, 저녁 메뉴, 야식 메뉴, 24시간 간간히 들어오는 메뉴로 나뉜다. 낭비되거나 놓치는 주문이 없도록 짜임새 있게 구성해야 인건비 절감과 매출 극대화가 가능하다.

넷째, 각 브랜드 간 메뉴의 호환이다.

예를 들어 치킨, 떡볶이, 찜닭, 닭발까지 총 4가지 브랜드를 운영한다고 가정해보자. 치킨 브랜드에서 사용하는 치킨을 그대로 떡볶이 브랜드에도 사용함으로써 치킨 떡볶이라는 메뉴를 구현할 수 있고, 닭발 브랜드에 사용함으로써 닭발과 치킨 세트의 구성이 가능해진다. 물론 반대의 경우로도 사용하게 된다. 하나의 메뉴로 다양한 메뉴를 구성하는 것이다. 더불어 식자재의 종류와 가짓수를 줄이는 효과도 생긴다.

이 4가지를 충족하여 다브랜드 운영을 준비한다면 비로소 전략이라고 봐도 될 것이라 생각한다.

성공하기를 원하는가?
그렇다면 이미 개척해놓은 성공의 길이 아니라
그 누구도 가지 않는 새로운 길을 개척해야만 한다.

로드 파머스턴

어떤 일을 하고 싶은가? 자기 스스로 찾아내고 전력을 다해 몰두하라.
다른 사람보다 한 걸음 앞서고 싶으면, 자기 장래의 계획은 자기가 정해야 한다.
알맞게 몰두할 수 있는 일에서, 의욕과 힘을 찾아내어 성공을 향한 길로 나아가라.

그레이엄 벨